# CÓMO LOS LÍDERES GENERAN CAOS

Copyright © 2023 por Sam Chand

Publicado por AVAIL.

Traducción y revisión por Prismática Project.

Derechos reservados. Ninguna parte de esta publicación podrá ser reproducida o transmitida de ninguna forma o por algún medio electrónico o mecánico; incluyendo fotocopia, grabación o por cualquier sistema de almacenamiento y recuperación sin el permiso previo por escrito del autor.

Salvo indicación en contrario, el texto Bíblico citado corresponde a la versión Reina-Valera © 1960 Sociedades Bíblicas en América Latina; © renovado 1988 Sociedades Bíblicas Unidas. Utilizado con permiso. Todos los derechos reservados.

El texto Bíblico indicado con RVC ha sido tomado de la Santa Biblia, Reina Valera Contemporánea, © Sociedades Bíblicas Unidas, 2009, 2011. Utilizado con permiso. Todos los derechos reservados.

Para derechos subsidiarios y extranjeros, por favor contacte al autor.

Diseño de portada por Joe De Leon
Fotografía de portada por Andrew Van Tilborgh.

ISBN: 978-1-959095-59-0     1 2 3 4 5 6 7 8 9 10

Impreso en los Estados Unido

# CÓMO

# LOS LÍDERES

# GENERAN

# CAOS

### Y POR QUÉ DEBEN HACERLO

## SAM CHAND

# ¡SIGUE RUGIENDO!

# ÍNDICE

**CAPÍTULO 1** ¡La estabilidad no es tu amiga!........................ 9

**CAPÍTULO 2** No es una idea nueva................................. 33

**CAPÍTULO 3** ¿Un caos planificado o una
interrupción sorprendente?........................... 55

**CAPÍTULO 4** Cuando los líderes lideran ........................... 71

**CAPÍTULO 5** Una cosa es segura ................................... 95

**CAPÍTULO 6** Pastoreando la oposición ........................... 121

**CAPÍTULO 7** Etapas predecibles ................................... 141

**CAPÍTULO 8** Ahora y más tarde ................................... 161

## CAPÍTULO 1
# ¡LA ESTABILIDAD NO ES TU AMIGA!

"Un ministro sin valentía es como una lima lisa, un cuchillo sin filo, un guardia que tiene miedo de disparar su pistola."

–William Gurnall

Me fascinan los leones. He tenido la oportunidad de verlos en su hábitat salvaje en África, y si encuentro un programa en la televisión sobre la sabana africana, puedo sentarme y mirarlo por horas y aprender sobre "el rey de las bestias". No hay duda de quién está a cargo –todos los animales están mirando, escuchando y olfateando el aire para ver si hay algún león cerca—. Los leones no son los animales más grandes en la sabana, pero tienen el corazón más grande. Dondequiera que vayan, las cosas cambian. Para mí, los leones son la mejor metáfora de un liderazgo ejemplar –hombres y mujeres que generan caos dondequiera que vayan, marcando la diferencia con su presencia y desafiando el orden establecido—. Cuando ellos dan un paso, todos se adaptan para hacer espacio. Cuando ellos tienen una visión de un mejor futuro, no hay nada que pueda detenerlos. (Bueno, bueno, yo sé que los líderes no se comen a las personas, pero sígueme la corriente por un momento).

---

**LOS LEONES** son la mejor metáfora de un liderazgo ejemplar –hombres y mujeres que generan caos dondequiera que vayan, marcando la diferencia con su presencia y desafiando el orden establecido—.

---

Yo he visto líderes que comenzaron sus carreras con coraje y valentía, leones rugientes, pero que al poco tiempo se hicieron mansos y se convirtieron en gatos domesticados. Su visión, su celo y pasión se apaciguaron –frecuentemente, un cambio que se da gradualmente, pero en otras ocasiones, un cambio acelerado— causado por los momentos críticos de fracaso y oposición inesperada (y en algunos casos, ambos). Tarde o temprano, dejaron de *pensar* como leones, de *sentirse* como leones y de *actuar* como leones. Su rugido se convirtió en un maullido. Comenzaron como personas que cambiarían el mundo, pero terminaron como retocadores organizativos. Sin duda no se miraron al espejo una mañana y decidieron ser mansos para evitar incomodar a otros, ni rebajaron su visión al tamaño de un bocadito... pero así sucedió. Si tienen autoconsciencia se preguntarían, ¿*Qué me sucedió?*

Todo líder debe enfrentar "momentos caóticos", tiempos que crean o dañan su confianza y reputación. Pero "ellos" no son los únicos. Al mirar mi propia historia, puedo ver tiempos particulares en los que momentos como estos surgieron en mi vida.

En el mes de julio de 1980, mi esposa Brenda y yo nos mudamos a Hartford, Michigan, donde acepté el llamado a ser pastor de una iglesia pequeña y rural. En realidad, la iglesia quedaba a más de tres millas del pequeño pueblo. El semáforo más cercano quedaba como a dos millas de la iglesia. El McDonald's más cercano quedaba a dieciocho millas. Cuando entré a la iglesia por primera vez, yo era un león. Me veía a mí mismo como un agente de cambio, alguien que los guiaría a lograr cosas magníficas para Dios y transformaría su comunidad. Mis sueños pintaban una imagen de un crecimiento extraordinario en nuestra iglesia y un discipulado enriquecido en nuestra congregación. Seríamos conocidos como una congregación que fielmente cumplió con el Gran Mandamiento y la Gran Comisión y tenía muchas ideas de lo que podíamos hacer.

Antes de mi primera reunión con el consejo, a sólo días de mudarnos a nuestro parsonage que compartía una pared con la iglesia, busqué la lista de iglesias en la guía de páginas amarillas. (¿Te acuerdas de las páginas amarillas? Si eres menor de cuarenta, probablemente no). Vi que era posible poner el nombre y la información de nuestra iglesia en una columna para que resaltara de las otras iglesias. Cuando llamé a la compañía de teléfono, me dijeron que el costo adicional sería solamente cinco dólares al mes. En nuestra primera reunión con el consejo, hice la recomendación de invertir este monto modesto, pero los hombres en el salón se opusieron. En ese momento, mil pensamientos cruzaron por mi mente. *Si no respetaban mi liderazgo lo suficiente como para gastar cinco dólares al mes para dar un poco más de reconocimiento a nuestra iglesia, ¿qué significaría eso para mi futuro allí?*

Era evidente que ellos no me veían como un líder inspirador y efectivo; simplemente había sido contratado para traer la palabra cuatro veces a la semana: los domingos por la mañana y por la tarde, en la escuela dominical y en los servicios de los miércoles por la tarde. Pero eso no era todo, había una pareja en la iglesia que eran feroces y siempre estaban listos para pelear. Habían echado a pastores previos y se sentían orgullosos de su lugar de poder en la iglesia... y ahora sus ojos estaban puestos sobre mí. Había entrado a un salón lleno de explosivos y en mis manos cargaba un pequeño fósforo.

La oposición del consejo en gastar unos poco dólares y el antagonismo de esa pareja creó un momento caótico que me sacudió y amenazó destruir mi confianza... pero afortunadamente, pude ver con claridad la opción delante de mí. Estaba determinado en utilizar ese momento como un punto decisivo para mi manera de pensar, mi comunicación, y para mi rol como pastor de la iglesia. Me tomó tres años llegar a cambiar la cultura de nuestra congregación, y cada paso fue una lucha... pero era absolutamente necesario. Poco a poco, el consejo y las personas de la iglesia comenzaron a verme como su líder, no solamente como un predicador.

A menudo le advierto a los pastores jóvenes que pueden tener todo tipo de esperanza, pero en cuanto entren a su nuevo entorno, las personas allí tendrán sus propias expectativas –y casi siempre son expectativas claras y fuertes que no se alinean con el novato—.

---

**A MENUDO** le advierto a los pastores jóvenes que pueden tener todo tipo de esperanza, pero en cuanto entren a su nuevo entorno, las personas allí tendrán sus propias expectativas –y casi siempre son expectativas claras y fuertes que no se alinean con el novato—.

---

## APROVECHANDO LO INESPERADO

Durante la trasformación cultural que aconteció en nuestra pequeña iglesia, Dios usó otro momento caótico y crucial para cambiar el concepto que la gente tenía de mí y cómo percibían el cambio que yo procuraba implementar. Bill y Charlene habían sido miembros de la iglesia por décadas, antes de que yo llegara. Bill era un tipo trabajador, honesto, era un obrero de fábrica y dedicado a su familia y al Señor. Antes de que yo llegara, Charlene había sido diagnosticada con cáncer cerebral y peleó con su enfermedad por mucho tiempo. De hecho, tomó meses y diferentes doctores para finalmente llegar a un diagnóstico correcto de su salud. Yo la visité muchas veces en el hospital. Una tarde, su hijo me llamó por teléfono y me dijo, "Pastor, mi mamá ha sido llevada de emergencia a la Clínica Mayo. Mañana por la mañana le harán una operación en su cerebro. Esto parece ser algo muy serio".

La Clínica Mayo quedaba en Rochester, Minnesota, a cuatrocientas sesenta millas de Hartford. Puede que al detallarles mi trabajo haya excluido el hecho que mi salario en la iglesia era mínimo. Ni siquiera me alcanzaba para pagar la gasolina para viajar a Rochester. Por lo tanto, fui a la casa de uno de los diáconos para pedirle prestado doscientos dólares para cubrir los gastos del viaje. Él me hizo seña que lo acompañara hasta su habitación. Corrió su cama y removió algunas planchas de madera del piso abriendo un compartimento donde guardaba una caja de seguridad. Sacó doscientos dólares y me los dio.

Inmediatamente, llené el tanque de mi pequeño Mazda GLC hatchback y comencé mi curso hacia el oeste. Manejé toda la noche y llegué a la Clínica Mayo como a las cinco de la mañana del siguiente día. Le pregunté a la recepcionista dónde quedaba la sala de espera y me dirigí allí. Cuando llegué al piso donde Charlene esperaba por su sirugía, Bill me vio caminando en su dirección. Él literalmente corrió y se lanzó a mis brazos; me abrazó y lloró por un rato. No había nadie más de la familia allí, sólo Bill y yo. Me llevó al cuarto de Charlene y oramos por ella y cuando finalmente se la llevaron para la cirugía, Bill y yo comenzamos nuestra vigilia.

Charlene salió de la cirugía y esa tarde, Bill y yo fuimos a un alojamiento que quedaba al frente del hospital. El precio por noche era quince dólares. Ninguno de nosotros tenía dinero, así que compartimos una habitación... y una cama. Algo increíble y poderoso sucedió cuando dormimos en la misma cama al otro lado de la calle de donde se hospedaba su amada esposa. Acompañé a Bill y Charlene cuatro días. Para entonces ya era sábado y necesitaba regresar para el servicio del día siguiente. Antes de subirme a mi automóvil, Bill me dio un abrazo fuerte y lloró de gratitud.

En mi viaje de regreso a Hartford, me di cuenta que me había arriesgado en dejar mi ciudad para estar con Bill y Charlene. ¿Se molestaría la gente de que yo haya estado afuera toda la semana? ¿Se enojarían los miembros del consejo de que haya pasado tanto tiempo lejos de la iglesia? ¿Qué había provocado al salir para Rochester por varios días?

Al día siguiente, en la iglesia, podía sentir que algo había cambiado. Se había corrido la voz de que yo había viajado a la Clínica Mayo para estar con Bill y Charlene, y en ese momento caótico, la gente había dejado de verme simplemente como un predicador contratado y había comenzado a verme como su pastor. Cuando entré al templo, la gente espontáneamente se me acercaba a abrazarme y varias personas hasta me daban dinero para ayudarme a pagar los gastos del viaje que había hecho —me dieron más que suficiente para cubrir el préstamo de doscientos dólares que había tomado—. Sus abrazos y su dinero eran su forma de decir "Gracias pastor Sam, por cuidar y amar a nuestra gente".

Ese día, la pareja poderosa y amargada que había ejercido su poder e influencia para deshacerse de cada pastor fue superada en número por aquellos que ahora me veían como su pastor y su líder. Dios había hecho que de mi respuesta a un momento de caos surgiera un cambio de la cultura de nuestra iglesia. Nadie esperaba que yo tomara dinero prestado y manejara toda la noche para estar con Bill y Charlene temprano en la mañana antes de su cirugía. Nadie esperaba que yo me quedara cuatro días con ellos demostrándoles mi apoyo y consuelo en esos momentos difíciles. Y nadie esperaba que Bill y yo fuéramos compañeros de cuarto y entabláramos una amistad especial.

## CAOS INTENCIONAL

En mi vida he tenido varios momentos caóticos que con el tiempo probaron ser un trampolín al crecimiento, pero en cada uno de esos momentos, en primera instancia era difícil ver la esperanza. En julio de 1989, fui nombrado presidente del Colegio Bíblico de Beulah Heights. La escuela estaba decayendo. Había sólo ochenta y siete estudiantes y la escuela no era acreditada. Yo esperaba ver un cambio poco después, pero en el primer semestre, nuestra matrícula se redujo aún más. Yo me sentía muy desanimado. Durante la etapa más oscura de la escuela y mi confianza, me invitaron a predicar en el sur de Georgia. De regreso a casa, ese domingo por la tarde (en el mismo pequeño Mazda), le derramé mi corazón a Dios. Lloré lágrimas de dolor y desilusión. No tenía idea de cómo liderar a una organización que estaba decayendo. Oré a Dios y le dije, "Señor, esto no tiene nada de sentido. Pensé que me enviaste, ¡pero esto no está funcionando!".

En ese momento caótico, Dios me habló y me mostró una imagen. Sentí que Él me decía, *Cuida de mi esposa, y yo cuidaré de ti*. Eso parecía ser simple. La iglesia es la esposa de Cristo, y yo deseaba dedicarme a la gente a quién Él ama. La imagen que Él me dio me tomó más tiempo descifrar: era una laguna blanca con peces blancos junto a una laguna negra con peces negros. Había muchos pescadores en la laguna blanca, pero muy pocos en la laguna negra.

El día siguiente, en cuanto llegué a mi oficina, comencé a obedecer la voz de Dios. Tomé mi libro de las páginas amarillas (¡esto suena familiar!) y busqué la lista de iglesias en nuestra área. Comencé a llamar a cada iglesia en la lista y pedía hablar con el pastor. Les decía, "Hola, mi nombre es Sam Chand. Soy el presidente del Colegio Bíblico de Beulah Heights y estoy para servirles. Nos encantaría agendar cualquier tipo de entrenamiento que les pueda interesar a sus congregantes. ¿Cómo podrían nuestros profesores servirles?".

Casi sin excepción, los pastores preguntaban, "¿Cuánto cuesta?". Yo les respondía, "Absolutamente nada. Simplemente queremos servirles". Esta respuesta usualmente provocada un momento de silencio, por lo tanto, yo aprovechaba para explicarles, "Si le gustaría agendar dos horas para el sábado por la mañana, le enviaremos uno o dos de nuestros profesores, o puede que vaya yo personalmente a darles el entrenamiento. Ustedes deciden el tema. Podemos hablar de evangelismo, discipulado, grupos de liderazgo, métodos de estudios bíblicos, política eclesiástica, facilitarles asesoramiento, y mucho más. Podemos entrenar a las personas que trabajan en el ministerio de niños, jóvenes, o a los maestros que enseñan sus clases. Lo único que necesita hacer es juntarlos a todos en un salón y nosotros hacemos el resto. Nos encargaremos de todos los preparativos".

Este esfuerzo fue el producto de una epifanía. En ese tiempo, los colegios bíblicos estaban cambiando y muchos líderes de iglesias se preguntaban si dichas escuelas esperaban ser servidas en vez de servir a las iglesias. Me di cuenta de que Dios instituyó la iglesia –no el colegio bíblico— como el cuerpo de Cristo. La iglesia es central al plan y a la estrategia de Dios; las escuelas existen únicamente para ayudar a que la iglesia prospere y si la iglesia prospera, los colegios bíblicos prosperan también.

> DIOS instituyó la iglesia –no el colegio bíblico— como el cuerpo de Cristo. La iglesia es central al plan y a la estrategia de Dios.

No sé si es para sorprenderse o no, pero muchos de los pastores aceptaron nuestra oferta. Dimos sesiones de entrenamiento en docenas de iglesias en nuestra área y entablamos una relación con cada una de ellas. Sus congregantes recibieron lo mejor que teníamos para ofrecer y tuvimos el placer de compartir nuestros talentos con personas que nunca quizás hubiéramos conocido.

Muchos de estos pastores y sus congregaciones eran negros, la etnicidad predominante en el sureste de Atlanta. Me tomó tiempo darme cuenta que esta era la respuesta a la imagen confusa que Dios me había dado aquel día mientras manejaba de regreso a casa del sur de Georgia. Él había puesto a nuestra iglesia en una laguna negra con muchos peces negros y pudimos unirnos a los pescadores en la orilla.

Cuando Dios me mostró su corazón aquel día, Beulah Heights no estaba lista para el cambio y el crecimiento repentino que vendría. Nuestros sistemas eran anticuados, nuestros administradores no tenían las habilidades necesarias, y nuestra capacidad de reclutar y servir a los estudiantes no estaba al nivel que necesitaba estar. Pero fueron nuestros esfuerzos en la comunidad lo que nos pulió y preparó. Y poco tiempo después, pastores comenzaron a llamarme para preguntar si había vacantes en nuestro colegio para nuevos estudiantes de sus iglesias.

A lo cual yo siempre contestaba con un "¡Sí! ¡Sería un placer recibirlos!".

Los estudiantes en otros colegios bíblicos generalmente son jóvenes graduados de la secundaria, pero las personas que estábamos entrenando en las iglesias los sábados por la mañana eran adultos. A medida que muchos de ellos se matriculaban en nuestro colegio, la demográfica de nuestra escuela cambiaba radicalmente. La mayoría de los estudiantes nuevos estaban en sus cuarentas y tuvimos que hacer ajustes significativos para poder servirles efectivamente. Por ejemplo, muchos de ellos ya tenían trabajos de tiempo completo así que no tenían tiempo para esperar en colas largas y no querían sentarse a discutir becas y otra ayuda financiera pública. No obstante, la transición más fuerte para nosotros no fue la edad de los estudiantes. Beulah Heights había sido una escuela predominantemente de raza blanca, pero ahora teníamos una entrada masiva de estudiantes negros. Aparte, no estábamos listos para una mayor variedad de trasfondos denominacionales. Historicamente habíamos sido siempre una escuela pentecostal, pero ahora teníamos bautistas, metodistas, episcopal, africanos metodistas episcopal, y muchos más.

Otro cambio fue el gobierno de nuestra escuela. Beulah Heights había sido fundada por una mujer, pero cuando llegué yo, la administración y el consejo, al igual que nuestros profesores, eran todos hombres blancos. Yo comencé a reclutar administradores, profesores y miembros del consejo que fueran blancos y negros, y poco después, teníamos un presidente del consejo negro, el Doctor Oliver Haney.

En todas estas transiciones, yo era quien estaba provocando un caos en cada minuto de cada día. Había personas en nuestro equipo administrativo que se sentían incómodas con tener estudiantes adultos porque no eran tan moldeables como lo eran los jovencitos de dieciocho. Nuestros administradores no se sentían cómodos con los estudiantes negros y no estaban seguros de la fe de quienes no venían de un trasfondo pentecostal. Tuvimos muchas conversaciones intensas sobre lo que cada uno de estos cambios significaba para nuestro cuerpo de liderazgo y para la escuela en sí. Por ejemplo, cuando aceptamos estudiantes que no eran de un trasfondo pentecostal, preservamos el requisito de que los profesores debían estar de acuerdo con nuestra declaración de fe y práctica, pero pedimos que nuestros estudiantes firmaran una declaración diciendo que ellos "entendían y respetaban" a quienes practicaban su fe de una manera diferente.

Afortunadamente, Dios trabajó y acomodó cada uno de los cambios. Para cuando me fui de Beulah Heights años después, habíamos logrado una acreditación doble con más de ochocientos estudiantes de más de cuarenta diferentes países y cerca de cincuenta diferentes denominaciones. Esos números suenan bien, pero este tipo de crecimiento generó mucho caos en todas partes. Por ejemplo, no teníamos suficiente estacionamiento para nuestro personal y nuestros estudiantes, no teníamos suficientes salones, y no teníamos suficientes inodoros para todas las personas que necesitaban usar el baño entre clases. Nuestros estudiantes adultos tenían una perspectiva diferente del tiempo, el dinero y su educación. Nuestra política dictaba que si un profesor llegaba más de diez minutos tarde, la clase sería cancelada sin castigo para los estudiantes. Los estudiantes jóvenes se alegraban cuando esto sucedía, pero los estudiantes adultos consideraban que su sacrificio de tiempo y dinero había sido derrochado, al menos para esa clase, y muchos de ellos querían ser reembolsados o compensados de alguna manera. Estos no eran problemas menores, pero sí eran un bajo precio que debíamos pagar a cambio del crecimiento extraordinario que nuestra escuela experimentó.

## ¿ADMINISTRANDO O LIDERANDO?

Muchas personas confunden a los administradores con los líderes. Ambos dirigen reuniones, ambos tienen responsabilidades importantes, y ambos son expertos en realizar el trabajo, pero hay una gran diferencia: los administradores tratan de aliviar el caos y suavizar el proceso, pero los líderes generan un caos positivo para cubrir las necesidades y avanzar la organización. En mi oficina tengo un cuadro de la naturaleza fundamental del liderazgo. En la pintura hay una jirafa observando la sabana africana y abajo hay un cartel que dice "Liderazgo: ver más allá de lo que otros pueden ver". Ver más allá inevitablemente conduce a una visión más grande y un plan que produce un estiramiento de tu fe... lo cual siempre resulta en un caos a lo largo de la organización.

---

**HAY UNA gran diferencia: los administradores tratan de aliviar el caos y suavizar el proceso, en cambio, los líderes generan un caos positivo para cubrir las necesidades y avanzar la organización.**

---

En realidad, los líderes seguidamente perciben las necesidades antes de visualizar el futuro. Sienten la necesidad de suplir las necesidades, aunque las personas a su alrededor no compartan la misma urgencia. Los líderes contestan las dos preguntas organizativas esenciales: ¿Qué? y ¿por qué? Las demás preguntas –¿quién?, ¿cuándo?, ¿dónde? ¿cómo? ¿cuánto"— son cuestiones de administración. Los líderes necesitan mantenerse enfocados en las preguntas *estratégicas*. Los administradores se encargan de los detalles *tácticos*. El apóstol Pablo nunca desvió sus ojos del llamado que Dios le había dado. En su segunda carta a los cristianos de Corintios, Pablo describe las circunstancias difíciles que tuvo que enfrentar día tras día en todas las ciudades que visitó. Explica la gran tensión entre su fragilidad y el poder de Dios: "Pero tenemos este tesoro en vasos de barro, para que la excelencia del poder sea de Dios, y no de nosotros" (2 Corintios 4:7). Y tan sólo unos cuantos versículos después, concluye que fue su percepción espiritual la que le dio la valentía para seguir adelante:

> *"Por tanto, no desmayamos; aunque este nuestro hombre exterior se va desgastando, el interior no obstante se renueva de día en día. Porque esta leve tribulación momentánea produce en*

*nosotros un cada vez más excelente y eterno peso de gloria; no mirando nosotros las cosas que se ven, sino las que no se ven; pues las cosas que se ven son temporales, pero las que no se ven son eternas."* (2 Corintios 4:16-18).

Sin embargo, muchas personas en la iglesia pueden llegar a confundirse cuando perciben un caos saludable y necesario. Se preguntan, ¿*A caso Jesús no nos prometió paz? ¡Eso no suena a caos para mí!* En la noche que fue traicionado, Jesús pasó tiempo con sus discípulos. Él les explicó más sobre su propósito, su Reino y el rol del Espíritu Santo en sus vidas, y les dijo que Él da paz en medio del caos, no que lo remueve por completo: "La paz os dejo, mi paz os doy; yo no os la doy como el mundo la da. No se turbe vuestro corazón, ni tenga miedo" (Juan 14:27). En otras palabras, alcanzar al mundo, edificar la iglesia, y "hacer cosas mayores" siempre produce una interrupción interna y externa, lo cual yo llamo *caos*.

Una visión audaz inevitablemente genera caos. Si piensas que tu gente es un poco "lenta para aprender", cuando es tiempo de comunicar tu visión, estás bien acompañado. Al terminar de alimentar Jesús a cuatro mil personas, Él y sus discípulos se subieron a un bote para cruzar al otro lado del Mar de Galilea. De camino, los hombres miraron sus loncheras y se dieron cuenta que sólo les quedaba una hogaza de pan y ¡se preocuparon que pasarían hambre! Jesús les preguntó:

*"¿Qué discutís, porque no tenéis pan? ¿No entendéis ni comprendéis? ¿Aún tenéis endurecido vuestro corazón? ¿Teniendo ojos no veis, y teniendo oídos no oís? ¿Y no recordáis? Cuando partí los cinco panes entre cinco mil, ¿cuántas cestas llenas de los pedazos recogisteis? Y ellos dijeron: Doce. Y cuando los siete panes entre cuatro mil, ¿cuántas canastas llenas de los pedazos recogisteis? Y ellos dijeron: Siete. Y les dijo: ¿Cómo aún no entendéis?"* (Marcos 8:17-21).

Cuando Jesús dio de comer a la multitud justo antes de esta escena, los discípulos no estaban durmiendo ni observaban de lejos. Ellos mismos distribuyeron los panes y peces con sus propias manos. Si alguien podría tener una idea del milagro que aconteció aquel día, ¡eran los discípulos! Pero aún así no entendían. El punto que quiero hacer aquí es que los líderes no deberíamos desesperarnos cuando las personas no entienden o no se comprometen con la visión y la estrategia. De hecho, si lo hacen con mucha facilidad, puede ser una señal de que la visión no es lo suficientemente grande.

Muchas personas en nuestras iglesias (y en nuestros equipos de liderazgo) tratan de evitar el caos a toda costa y se sienten confundidos (y hasta quizás traicionados) cuando nuestro liderazgo sacude un poco las cosas y los incomoda. Quieren administrar su porción de la organización y atar todos los cabos sueltos, pero los líderes tienen una agenda diferente: mover la iglesia hacia lo desconocido para lograr un mayor propósito –y ese propósito es más importante que preservar la comodidad y la certeza—. He escrito y he enseñado sobre este tema ampliamente. Por ejemplo, en mi libro *"Bigger, Faster Leadership"* [Liderazgo más fuerte y rápido], yo escribí:

*"Los puntos de tensión son lugares donde las fuerzas opuestas trabajan juntas, donde la flexibilidad es esencial, y es en los objetos animados que se da el crecimiento. Todo lo físico en el mundo tiene sus puntos de tensión, y las organizaciones pueden crecer y prosperar únicamente si reconocemos esos puntos de tensión y los usamos adecuadamente. Tratar de evitar dichos puntos debilita el sistema y finalmente resulta en su caída, a veces lentamente, a veces rápidamente."*[1]

Por supuesto, el caos es moldeable; es un instrumento para el bien y no el mal, depende de su propósito. Cuando los líderes comunican

---

1 Sam Chand, Bigger, Faster Leadership [Liderazgo más grande y rápido] (Nashville: Thomas Nelson, 2017), página 153.

una visión, estrategia y un plan con el fin de lograr algo noble y bueno, convoca el esfuerzo de todas las personas involucradas. Sin embargo, muchas personas le tienen miedo al caos porque siempre han estado cerca de personas que no lo utilizaron con un buen fin o propósito. Se sintieron usadas y quizás hasta inseguras. O quizás, algunas personas tienen miedo de arriesgarse y fracasar. Nuestro trabajo como líderes es comunicar la visión paciente y tenazmente, para que la gente pueda recibirla y asimilarla. Entonces, y sólo entonces, podrán apoyar a esos líderes que entienden que cierta medida de caos es absolutamente esencial para el crecimiento.

Esto significa que los líderes necesitan reclutar, contratar, posicionar y entrenar a los miembros de los equipos para que puedan captar la importancia del caos productivo en la organización. A veces, el líder puede llegar a la conclusión que alguien o varias personas de su equipo no encajan debido a su resistencia. Con mayor frecuencia, el líder necesita retener y reubicar o reasignar a una o más personas en el equipo de liderazgo. No obstante, el líder no puede conformarse con nada menos que su equipo apoye su liderazgo y visión. En mi libro "*¿Quién sostiene tu escalera?*" incluí un resumen de las cinco cualidades que se necesitan en un equipo:

1) **Fuerza.** Tienen que ser personas que sepan seguir la instrucción y aceptar la crítica constructiva.

2) **Atención.** Tienen que ser personas que estén alertas a lo que digo y saber absorberlo con rapidez. No quiero tener que enseñarles la misma lección una y otra vez.

3) **Fidelidad.** Tienen que tener fe en mí como su líder y estar comprometidos con la visión. Si no están comprometidos con la misma visión que yo, me abandonarán.

4) **Firmeza.** Tienen que ser fuertes para que las personas manipuladoras no se aprovechen.

5) **Lealtad.** No siempre tienen que estar de acuerdo conmigo. Está bien no estar siempre de acuerdo con mi cabeza, pero no con mi corazón. Puede que no estén de acuerdo en *cómo* hago las cosas, pero no *por qué* las hago. Pueden no estar de acuerdo con mis métodos, pero no mi motivación.[2]

---

**LOS LÍDERES** necesitan reclutar, contratar, posicionar y entrenar a los miembros de los equipos para que puedan captar la importancia del caos productivo en la organización.

---

¿Cómo sabes si alguien en tu equipo se reúsa a apoyarte? Jesús compartió una parábola corta sobre las personas que son demasiado resistentes: "No deis lo santo a los perros, ni echéis vuestras perlas delante de los cerdos, no sea que las pisoteen, y se vuelvan y os despedacen" (Mateo 7:6). Él estaba diciendo que algunas personas simplemente no reconocerán el valor de la visión y la estrategia, el qué y el por qué. No es que sean lentos para entender; si no que ¡son insolentes y provocadores que se levantan a oponerte! Muchas veces disfrazan su resistencia con un lenguaje más aceptable y dicen cosas como, "Busquemos una segunda opinión", "Deberíamos formar un grupo operativo para que considere esta idea», o "Este no es el momento, quizás sea mejor el próximo mes". Los líderes saben que tarde o temprano, en algún momento, es necesario dejar de dar vueltas y enfrentar el asunto. El retraso, cualquier sea la razón, no es una opción. Sí, es verdad que la paciencia y la persistencia son importantes, pero existe un límite. Los líderes desean que todos

---

2 Sam Chand, ¿Quién sostiene tu escalera? (Highland Park, IL: Mall Publishing, 2003), 34.

entiendan y apoyen la nueva visión, pero algunos simplemente nunca lo harán. Si dichos líderes no tienen la sabiduría y la valentía para tomar decisiones en cuanto al personal, las personas resistentes se convertirán en anclas que sujetarán al líder, al equipo y a la iglesia.

Comencé este capítulo diciendo que algunos líderes son leones que se han convertido en gatos grandes domesticados. En otras palabras, los leones tienen en claro que cierta medida de caos es esencial para la salud y el crecimiento de la organización. Si ceden a la presión de manejar y reducir el caos, renuncian a la responsabilidad que Dios les dio de liderar con audacia, sabiduría y valor.

## DESARROLLANDO EL EQUIPO

Se han escrito muchos libros sobre equipos de liderazgo y yo mismo he contribuido a dicha lista. Hay muchos principios importantes para aplicar, pero hay uno que es primordial: cuando la confianza es forjada, muchas cosas increíbles pueden acontecer, pero cuando no está presente, el éxito se convierte en trabajo pesado. Cuando hay confianza entre las personas del equipo, se concede el beneficio de la duda respecto a las ideas y los motivos de cada persona. Las sugerencias y planes pueden ser rechazados sin que alguien se ofenda y aun los desacuerdos forjan la confianza aún más porque, aunque no están de acuerdo, lo hacen simpáticamente. Mi definición de la confianza es la siguiente: "un sentimiento basado en realidades repetidas"; es forjada con el tiempo con experiencias positivas... o puede ser destruida en un instante por la traición o el abuso. Cada interacción contribuye y hace una diferencia, ninguna es insignificante. Cada punto de contacto añade a la cuenta de confianza o se convierte en un impuesto de confianza que reduce la cuenta.

Muchos pastores y sus líderes piensan que las reuniones son espacios donde se crea confianza, pero esto rara vez sucede. En una reunión se manejan los proyectos, las personas y los eventos. Para poder crear confianza durante una reunión, se debe crear confianza *antes* de la reunión y también en la reunión individual *después* de la reunión principal. Lideras en lo privado y administras en público. De hecho, la reunión antes de la reunión principal es la más importante, la reunión privada es segunda en importancia, y la reunión en sí es la de menos importancia. Si no estamos invirtiendo nuestro tiempo, nuestra energía y nuestro corazón en las conversaciones individuales antes y después de la reunión principal, estaremos simplemente diseminando información, no estaremos creando confianza.

Las conversaciones antes y después agregan a nuestra cuenta de confianza con esas personas, y podemos hacer retiros cuando tenemos la reunión con el equipo entero. La confianza no elimina los desafíos, sino que actúa como aceite en la pesada maquinaria, para que las relaciones puedan crecer en medio de las dificultades. En su libro "La velocidad de la confianza", Stephen Covey comenta:

*"Yo sé que es posible no sólo restaurar la confianza sino también mejorarla. Las cosas difíciles que atravesamos junto a las personas en nuestra vida pueden convertirse en la tierra fértil del crecimiento de una confianza duradera; una confianza aún más fuerte porque ha sido probada por los desafíos."* [3]

Cuando nuestra cuenta de confianza está llena, los líderes pueden arriesgarse con una visión mucho más grande. Hubo un momento, cuando era presidente del colegio bíblico, que teníamos clases por el día y por la tarde, pero yo sólo estaba allí durante el día. Sin embargo, un viernes por la tarde tuve que ir a mi oficina por un momento. Cuando llegué, no encontraba estacionamiento. Manejé y busqué estacionarme en la calle, pero había autos estacionados en ambos lados de la calle. Finalmente encontré un espacio y mientras caminaba

---

[3] Stephen Covey, La Velocidad de la confianza (New York: Simon & Schuster, 2018), página 326.

hacia la escuela se me ocurrió una idea: los estudiantes que asistían a las clases por la tarde venían de trabajar todo el día y estaban comprometidos a su educación. Me preguntaba si un grupo de ellos estaría interesado en asistir a clase por la mañana antes de entrar al trabajo.

> **CUANDO** nuestra cuenta de confianza está llena, los líderes pueden arriesgarse con una visión mucho más grande.

El lunes por la mañana le conté a Jim, nuestro decano académico, mi experiencia del viernes y le compartí mi idea de ofrecer clases matutinas a la seis de la mañana. Mi idea le causó mucha risa. Jim y yo habíamos sido amigos por muchos años y disfrutábamos trabajar juntos. Para ambos, nuestras cuentas de confianza estaban llenas y en exceso. Yo sonreí y le pregunté, "¿Por qué te causa tanta gracia mi idea, Jim?".

A lo cual él respondió, "Sam, ¡no creo que podamos encontrar un profesor que quiera dar clases tan temprano!". Hizo una pausa y luego continuó, "Aun si algunos estudiantes estuvieran interesados, no encontraremos ningún profesor que esté dispuesto a levantarse a la madrugada y manejar hasta nuestra facilidad para dar una clase a las seis de la mañana. Simplemente no es razonable".

No cedí ni un ápice y le contesté, "No sólo necesitamos profesores, ¡necesitamos los *mejores* profesores para nuestras clases matutinas! ¡Y les pagaremos aún más por enseñar esas clases!".

Él me miró fijamente y finalmente se dio cuenta de que no estaba bromeando y en ese instante supo que yo lo llevaría a cabo con o sin su apoyo y ayuda. Él tenía la opción de subirse a mi tren o quedarse en la estación, pero el tren saldría sí o sí. Era evidente que se uniría a mí. Le dije, "Jim, quiero que agregues al calendario tres clases matutinas para el próximo semestre y que busques los mejores profesores para ellas. Y veremos cómo nos va. Si resulta ser un éxito, entonces agregaremos más clases. Y si resulta un fracaso, entonces enterraremos la idea por completo".

Jim estaba dispuesto a unirse a mi idea, pero apenas. Se encogió de hombros y me respondió, "Si eso es lo que tú quieres...". Yo asentí con mi cabeza; él sabía lo que necesitaba hacer para poner el nuevo plan en marcha.

Cuando se abrieron las inscripciones para el próximo semestre, las tres clases matutinas que habíamos agregado se llenaron rápidamente. Cuando el semestre comenzó, varias de esas personas pasaron por mi oficina a agradecerme por agregar las clases matutinas. Dos semestres después, las clases matutinas se convirtieron en un elemento fundamental de nuestro currículo. Pero luego observé algo más: las clases del día terminaban a la una de la tarde y las clases de la tarde terminaban a las diez de la noche. Fui a Jim y le dije, "Estamos calentando y enfriando los salones cuando no hay estudiantes. Agreguemos algunas clases durante el día también y veamos qué pasa". Esta vez, él sabía que yo haría lo que quería así que no se opuso.

El próximo semestre, las clases comenzaban a las seis de la mañana cada día y las últimas terminaban a las diez de la noche, y se ofrecían clases durante todo el día. Cada una de estas decisiones generaron caos para cada miembro de la facultad y nuestro personal. Necesitábamos personas que estuvieran disponibles todo el día en las oficinas de ayuda financiera y recursos; tuvimos que agregar turnos de servicios de conserjería, y se necesitaba más estacionamiento durante dieciséis horas del día. A medida que nuestro cuerpo estudiantil crecía, se llenaban nuestros salones y necesitábamos más espacio.

Acudí a los pastores de las iglesias locales y les pregunté si estaban dispuestos a ayudarnos y ofrecer sus facilidades para algunas clases y afortunadamente estaban más entusiasmados en ayudar. Consecuentemente, esto forjó una red de relaciones y credibilidad con los líderes de las iglesias y futuros estudiantes en el área. Para cuando llegó el día en que dejaría Beulah Heights en el 2003, ofrecíamos clases en veintiséis diferentes lugares en Metro Atlanta... y más estudiantes seguían llegando. De hecho, en el primer día de inscripciones, los estudiantes llegaban a las cuatro de la madrugada para ser los primeros en matricularse para las clases al abrir nuestras puertas a las siete de la mañana. (Esto era en la era antes de que pudiéramos ofrecer inscripciones online).

Toda idea innovadora genera caos. Algunas personas se unen con entusiasmo y prontitud, pero la mayoría quieren sondear, hacer preguntas y convencerse antes de siquiera dar un paso experimental para unirse. A lo largo de los años he aprendido que no es importante que las personas bajo mi liderazgo lo entiendan, pero sí es monumentalmente importante que me entiendan a mí –cómo pienso, lo que valoro, y cómo tomo mis decisiones—. Si la confianza prospera, entonces un mundo de oportunidades se abre delante de nosotros.

---

**TODA IDEA** innovadora genera caos.

---

Si eres un líder, no te conviertas en un gato grande domesticado. Mantente un león. La estabilidad podrá ser el objetivo de un administrador, pero no es tu amigo. No tengas miedo de generar caos, pero asegúrate que sea un caos positivo.

Y si eres líder, haz lo necesario para crear confianza con tu equipo, tu junta directiva, y todas las personas en tu órbita. Aunque no entiendan tu visión y tu estrategia al instante, te concederán el beneficio de la duda y te apoyarán en cada paso.

Al final de cada capítulo, he incluido preguntas diseñadas para ayudarte a reflexionar y conversar con las personas en tu equipo o tu junta directiva. Toma todo el tiempo que necesites con cada pregunta. Puede que la efectividad de tu liderazgo dependa de lo que cada pregunta puede revelarte o enseñarte.

> *"Padre, hazme un hombre de crisis. Que toda persona con quien me cruzo tome una decisión. Ayúdame a no ser un indicador en el camino; hazme una bifurcación, que las personas tengan que escoger un camino al ver a Cristo en mí."*
> 
> *–Jim Elliot*

## CONSIDERA LAS SIGUIENTES PREGUNTAS:

1) ¿Cuáles son algunas razones por las que líderes visionarios (leones) llegan a convertirse en gatos grandes domesticados, tímidos y complacientes?
2) ¿Cuáles son algunos ejemplos de caos inesperado que has utilizado para forjar una relación interpersonal?
3) ¿Cómo describirías la diferencia entre los líderes y administradores?
4) En una escala del 0 (nada) al 10 (siempre), ¿qué tan cómodo te sientes con la idea de generar caos al implementar una visión grande y una estrategia audaz? Explica tu respuesta.
5) ¿Cuáles son los beneficios que has experimentado al ser más intencional con tus reuniones antes y después de tus reuniones principales?
6) ¿Qué es lo que más te gustaría aprender de este libro?

## CAPÍTULO 2
# NO ES UNA IDEA NUEVA

*"David era el último que hubiéramos escogido para pelear contra el gigante, pero fue el escogido de Dios."*

–Dwight L. Moody

Todos sabemos del día que Martín Lutero clavó sus 95 tésis en la puerta de la capilla de Wittenberg —y fue tan dramático como suena... fue como enviar un correo electrónico a todas las personas en su lista de contactos— lo cual lanzó la Reformación Protestante, pero puede que no tengamos idea de la serie de eventos que acontecieron después de este momento histórico. El caos que él generó revolucionó al mundo y tuvo un impacto mucho más allá de las instituciones religiosas. Lutero nació en 1483 en Eisleben, Alemania, como a ciento veinte millas suroeste de Berlín. Al poco tiempo su familia se mudó a Mansfield, donde su padre trabajó como minero. En esos tiempos, los bosques oscuros de Alemania eran la fuente de muchos cuentos de brujas y lobos feroces que atacaban a los niños inocentes. Los poderes demoníacos se escondían tras los árboles, pero Lutero no encontró consuelo en su padre quien regularmente lo golpeaba por cualquier falta.

Cuando Martín tenía trece años, su padre lo envió a estudiar leyes en la universidad de Erfurt, donde el adquirió sus credenciales en el tiempo mínimo posible. Era un escolar brillante y era tan dotado en el debate que lo llamaban "El filósofo". Un día, a la edad de veinte años de edad, se encontró en medio de una aterradora tormenta y casi fue fulminado por un rayo. En su desesperación él clamó y dijo, "¡Ayuda Santa Ana! ¡Me haré monje!".

> EL CAOS que él generó revolucionó al mundo y tuvo un impacto mucho más allá de las instituciones religiosas.

Ese día sobrevivió la tormenta, y fiel a su promesa, Lutero dio todo lo que poseía y entró a un monasterio. Me atrevo a decir que él fue uno de los monjes más dedicados en la historia de la iglesia. Pasaba innumerables horas en oración, ayunaba por largos periodos, y renunció a muchos placeres y comodidades como aguantar el frío invierno alemán sin una frazada y azotarse para identificarse con el sufrimiento de Cristo. Él esperaba que estas actividades y su celo pudieran acercarlo al amor de Dios. Sin embargo, lo que logró fue aumentar su temor del enojo justo de Dios. En su reflexión escribió, "Cuando el alma es tocada por esta pasajera inundación eterna, siente y toma nada más que el castigo eterno".[4] Los psicólogos han hecho una conexión entre el temor de Dios de Lutero y su relación poco afectuosa con su padre, pero cualquier sea la razón, la devoción intensa de Lutero no le produjo consuelo, paz ni gozo.

En 1510, Lutero viajó a Roma para representar a su monasterio en una disputa en el Vaticano. Atravesó los Alpes a pie y al entrar a Italia y sus ojos contemplar la ciudad, se detuvo y dijo, "*Saludos, sagrada roma, verdaderamente sagrada por los santos mártires cuya sangre gotea*". Como todos los visitantes, visitó los templos, santuarios, y otros lugares de interés. Pero a medida que exploró la ciudad, vio la grandeza de las casas de los miembros poderosos de la Curia Romana, el Senado Católico, y escuchó historias de los

---

4 Martín Lutero: "Passionate Reformer," [Reformador apasionado] Christian History, 8 de agosto de 2008. https://www.christianitytoday.com/history/people/theologians/martin-luther.html.

soldados y su inmoralidad flagrante. Tan sólo había pasado unos cuantos años desde que fueron revelados numerosos casos de hijos ilegítimos del Papa Borgia Alejandro VI. Una de sus amantes fue su propia hija Lucrezia, y ella también dio a luz a un hijo. Cuando Lucrezia tuvo una aventura romántica con el chambelán papal, su hermano, según se reporta, asesinó a su amante –no para defender su honor sino por celos—.[5]

En un evidente contraste a esta corrupción, Lutero subió las escaleras de la iglesia de San Juan citando el Padre Nuestro en cada escalón con el propósito de liberar a su abuelo del purgatorio. Pero al llegar a la cima, las dudas nublaron su fe.

Tan sólo unos años después, el papa Julio se encontraba en el medio del proyecto de construcción más grande del medievo: la Basílica de San Pedro. Considerada por muchos como "la iglesia madre", era significativamente costosa, y para recaudar fondos, Julio envió a los sacerdotes a vender indulgencias que prometían la mengua de tiempo en el purgatorio para los seres queridos de quienes dieran dinero. El sacerdote que fue enviado al área de Alemania donde estaba Lutero se llamaba Johann Tetzel, quien predicaba que "¡Cuando suena la moneda en el cofre, sale el alma del purgatorio!".

La experiencia de Lutero en Roma le había abierto los ojos respecto al verdadero motivo del padre. El propósito de las indulgencias no eran brindar consuelo a los vivos ni a los muertos, sino que eran para recaudar el dinero entre la gente pobre para construir un templo para los ricos. Al anunciar sus 95 tésis, Lutero estaba desafiando al papa y su mensajero Tetzel, cuestionando la autoridad del papa y rechazando el valor de las indulgencias.

---

5 Constance Craig Smith, "With Incest, Orgies and Murder Rife, the Borgias Were a Most Unholy Mob," [Con incest, orgías y asesinatos, los Borgias eran una mafia impía] *Daily Mail Online*, 14 de junio de 2019, https://www.dailymail.co.uk/home/books/article-7138775/With-incest-orgies-murder-rife-Borgias-unholy-mob.html.

No es de extrañar que la audacia de Lutero creó mucha controversia. Los sacerdotes, príncipes y laicos debían escoger un lado: apoyar la verdad de Lutero o pararse en contra de su herejía. Poco a poco, la opinión de Lutero fue tomando fuerza y expandiéndose. Él comenzó a enseñar que la justificación no viene a través de las buenas obras sino por la fe. Esta perspectiva galvanizó a sus seguidores y enfureció a sus detractores. La exégesis de Lutero de la iglesia era inevitable. En 1521, le ordenaron presentarse ante Carlos V del Sacro Imperio Romano, en Worms, para otro debate respecto a sus creencias de *sola fides, sola gratia, sola scriptura* – "Solo fe, solo gracia, solo escrituras". Lutero fue excomulgado, pero se salvó de ser quemado en la hoguera, como fue el destino de otros, gracias a un noble que envió a sus soldados para que lo rescataran y lo llevaran a un lugar seguro. Allí, Lutero escribió algunas de las obras más importantes de la historia. Tradujo la Biblia al alemán, para que las personas comunes pudieran leerla, y enseñó que todas las vocaciones formaban parte del alto llamado de Dios lo cual brinda a todo tipo de trabajo una dignidad divina.

> **AUNQUE la historia de Lutero tiene muchos altibajos… su elevación de todas las vocaciones, ha dado significado a las tareas más humildes.**

Para serte honesto, la historia de Lutero tiene muchos altibajos. Escribió y enseñó la intolerancia étnica la cual ha sido sujeta al escrutinio de los tiempos, y peleaba con otros reformistas quienes aunque lo apoyaban en su lucha por la gracia y la verdad, se diferenciaban en temas relativamente menores. Hoy, todas las denominaciones protestantes pueden trazar sus raíces a Lutero. Su perspectiva de la gracia, la fe y las Escrituras han formado el fundamento de nuestra teología y práctica, y su elevación de todas las vocaciones, ha dado significado a las tareas más humildes. Un académico resume la lucha de fe de Lutero de la siguiente manera:

> Lo que más lo caracteriza, más que cualquier otra cosa, es la confianza, como la de un niño, que demuestra en el perdón y la aceptación de Dios. Lutero hablaba mucho sobre sus tentaciones, que se referían a sus dudas si ese perdón divino era verdaderamente real. Pero él superó esas dudas y su vida en adelante fue una llena de gozo y confianza espontánea en el amor de Dios y su bondad con él y con otros pecadores. Lutero llamó a esto "la libertad cristiana". [6]

Hoy en día, su legado se encuentra virtualmente en todos los países del mundo, aproximadamente en un billón de protestantes. Lutero fue un hombre cuya personalidad, trasfondo y experiencias encendieron en él un fuego que no se podía apagar, y él usó ese fuego para producir teología y un caos eclesiástico que ha resonado por los siglos.

## CAOS EN LA BIBLIA
### Abraham

Después de que el plan humano se desviara en el Jardín del Edén, la historia siguió tomando un rumbo sobrio: Caín asesinó a su hermano Abel, las naciones se rebelaron contra Dios en la Torre de Babel y Dios aniquiló a la humanidad, salvo una familia, con un diluvio catastrófico. Las cosas no se veían prometedoras para las

---

[6] Hans J. Hillerbrand, "Martin Luther: German Religious Leader," [Martin Luther: Líder alemán religioso] *Encyclopædia Britannica*, 22 de agosto de 2022, https://www.britannica.com/biography/Martin-Luther.

personas quienes habían sido originalmente hechas "a la imagen de Dios". Pero Dios tenía un plan para restaurar el rumbo correcto para la humanidad. Él escogió a un hombre llamado Abram (luego cambiado a Abraham) para poner en marcha su misión de rescate, pero las instrucciones de Dios no eran lo que uno esperaría. Dios le prometió a Abraham que haría de él "una nación grande" y que lo bendeciría y engrandecería su nombre y sería bendecido (Genesis 12:2-3). Pero había un problema: Abram y su esposa ya no estaban en una edad reproductiva, y Dios no les había dado instrucciones detalladas de su plan. Por lo tanto, Dios le dijo, "Vete de tu tierra y de tu parentela" y Abram le respondió, "Bueno, ¿pero a dónde?" y Dios le contestó, "te diré luego". Dios le prometió a Abram que sería el padre de una nación grande. Abram se preguntó, ¿cómo? Y Dios le dijo, "luego te diré". Dios le prometió a Abram una patria. Abram podría haberle pedido instrucciones, pero Dios le dijo que sólo confiara en Él y esperara.

El tamaño de la visión que Dios le dio a Abram normalmente hubiera producido una estrategia grande y un plan específico, pero a medida que pasaron los años y todavía no había ningún niño, Abram se encontró en medio de un caos espiritual y relacional —el cual empeoró cuando siguió el consejo de su esposa y tuvo un hijo con su sirvienta—. A medida que envejecían más y más, la tensión entre su fe y la desesperación aumentaba y se fortalecía. En un punto, Abram renunció a la promesa de Dios y escogió a su sobrino como su sucesor. Pero Dios le aseguró, "No temas, Abram; yo soy tu escudo, y tu galardón será sobremanera grande" (Genesis 15:1). Dios le dijo que mirara el cielo nocturno y le prometió, "Mira ahora los cielos, y cuenta las estrellas, si las puedes contar. Así será tu descendencia" (v. 5). Pero aún así, Abram no estaba convencido. Él dudó de Dios y dudó de sí mismo. Él preguntó, "¿en qué conoceré que la he de heredar?".

En ese momento, encontramos una de las escenas más inusuales y maravillosas de la historia.

Dios le dijo a Abram que trajera unos animales, los sacrificara y los dividiera en dos filas. Abram supo inmediatamente lo que esto significaba: eran costumbres de los pactos que se hacían en esos tiempos. La persona que caminaba entre las dos filas básicamente estaba diciendo, *seré despedazado si yo no cumplo con mi parte del pacto*, y siempre era el menor que pasaba por el centro, no el mayor. Pero esa noche, algo extraño sucedió. Abram se quedó dormido y "el temor de una grande oscuridad cayó sobre él". Y puesto el sol, "se veía un horno humeando, y una antorcha de fuego que pasaba por entre los animales divididos". Este fuego era el mismo que apareció en el Monte Sinaí años después cuando Dios descendió y le dio los mandamientos a Moisés... ¡era Dios que estaba pasando entre las partes divididas! Dios le estaba diciendo: *No te estoy pidiendo que tú hagas esta promesa; te las estoy haciendo yo a ti. Es mi pacto contigo y yo lo cumpliré. Si tú no cumples tu parte, yo seré despedazado*". Una vez más, Dios le prometió a Abram la tierra y su descendencia.

Después de haber seguido las instrucciones de Dios por veinticinco años, Abram estaba lleno de dudas internas y tensión relacional, y necesitaba reafirmación. Y en ese día fatídico, Dios se le apareció en forma de fuego y humo, igual que en Sinaí y el tabernáculo en el desierto. Esta escena nos recuerda que Dios cumplió su promesa cuando, en forma de Jesús, fue herido por nosotros porque no pudimos cumplir con nuestra parte del pacto. Y sus últimas palabras fueron, "pagado en su totalidad".

Después del nacimiento de Isaac, hubiera sido lógico suponer que el caos finalmente había llegado a su fin. Pero no fue así. Cuando el niño cumplió doce años, Dios vio que su hijo había ocupado un lugar central en el corazón de Abraham, así que le ordenó al viejo hombre que llevara su hijo al Monte Moriah y que lo sacrificara. Si ha habido en la historia un caos absoluto en el corazón de un hombre, tiene que haber sido este. En el último segundo, cuando Abraham levantó su cuchillo, Dios lo detuvo. (Imagínate la conversación después de eso, de regreso a casa). Una vez más, esta escena nos lleva a la cruz, donde Dios estuvo dispuesto a sacrificar a Su Hijo por amor a nosotros, y eso le dolió tanto como le dolió a Abraham.

Abraham es conocido como el "Padre de nuestra fe", pero tuvo que padecer décadas de caos para que los propósitos de Dios se cumplieran.

---

> ABRAHAM es conocido como el "Padre de nuestra fe", pero tuvo que padecer décadas de caos para que los propósitos de Dios se cumplieran.

---

## David

Cuando el joven David entró al campo de batalla solo, para derrotar a Goliat, fue su valor que salvó al Rey Saúl y a su ejército. Pero probablemente David no tenía idea del caos que su nueva fama generaría y los celos de Saúl que lo llevarían a perseguirlo y querer matarlo. Por otro lado, David generó un caos autoinfligido cuando cometió adulterio con la esposa del soldado, mandó a matarlo en batalla, y luego mintió para encubrirlo. Pero aún así, se arrepintió y fue conocido como "un hombre tras el corazón de Dios".

## Nehemías

Nehemías generó caos cuando mandó a reconstruir los muros de la ciudad de Jerusalén después de que los babilónicos destruyeran la ciudad y el templo un par de décadas antes. La gran oposición provino de los nobles Judíos y también de Sanbalat y Tobías. Con sus habilidades de liderazgo destacables dirigió a los trabajadores para que terminaran la reconstrucción de los muros de la ciudad en cincuenta y dos días.

**Jeremías**

A Jeremías se le asignó una tarea casi imposible. Él reprendió a los líderes y al pueblo por su desobediencia a Dios comparándolos a "cisternas rotas que no retienen agua" (Jeremías 2:13). Sin embargo, sus atrevidas denuncias provenían de un corazón blando y fue conocido como el "el profeta llorón". Después de que el pueblo fuera llevado en exilio a Babilonia, el falso profeta Ananías le dijo a la gente lo que ellos querían escuchar: el exilio terminaría en dos años. Pero Dios le ordenó a Jeremías que dijera al pueblo algo muy diferente: "No, serán setenta años". Y continuó diciendo:

*"Edificad casas, y habitadlas; y plantad huertos, y comed del fruto de ellos. Casaos, y engendrad hijos e hijas; dad mujeres a vuestros hijos, y dad maridos a vuestras hijas, para que tengan hijos e hijas; y multiplicaos ahí, y no os disminuyáis. Y procurad la paz de la ciudad a la cual os hice transportar, y rogad por ella a Jehová; porque en su paz tendréis vosotros paz"* (Jeremías 29:5-7).

Y, por cierto, Ananías morirá por malinterpretar mi palabra. Unos meses después, Ananías murió.

En tiempos actuales del analfabetismo bíblico y la desinformación de las redes sociales, los falsos profetas como Ananías le dicen a la gente lo que quiere escuchar... sobre cualquier y todo tipo de tema. Jeremías es un ejemplo para nosotros de cómo debemos ser fuertes, sabios y claros durante un tiempo nacional de caos y oposición.

### Juan el bautista

Juan el bautista no se conformó con una vida fácil y cómoda junto a su familia. Él aceptó el llamado de Dios a ser "voz que clama en el desierto" para abrir el camino al Mesías. Los líderes religiosos tenían gran poder; eran los líderes civiles y espirituales, dos en uno. Pero Juan no suavizó el mensaje para ellos:

> "¡Generación de víboras! ¿Quién os enseñó a huir de la ira venidera? Haced, pues, frutos dignos de arrepentimiento, y no penséis decir dentro de vosotros mismos: A Abraham tenemos por padre; porque yo os digo que Dios puede levantar hijos a Abraham aun de estas piedras. Y ya también el hacha está puesta a la raíz de los árboles; por tanto, todo árbol que no da buen fruto es cortado y echado en el fuego" (Mateo 3:7-10).

Sin embargo, las expectativas que quedaron insatisfechas generaron caso para Juan. Él pensó que cuando llegara el Mesías, el daría la inauguración de Su reino, sacaría a los Romanos de Palestina, y gobernaría con justicia y rectitud. Pero cuando él miró el impacto que tuvo Jesús, no vio nada de eso. Cuando fue encarcelado por acusar a Herodes Antipas de haber cometido adulterio, mandó a varios de sus discípulos a que le preguntaran a Jesús, "¿Eres tú aquel que había de venir, o esperaremos a otro?" (Mateo 11:3). Necesitamos tomar conciencia del verdadero peso de esta pregunta tan simple. Juan estaba esencialmente preguntando *¿Me perdí el bote? ¿Derroché mi vida? Tú no eres lo que yo esperaba, y necesito que me ayudes a entender lo que está pasando.*

Jesús les respondió:

> "Id, y haced saber a Juan las cosas que oís y veis. Los ciegos ven, los cojos andan, los leprosos son limpiados, los sordos oyen, los muertos son resucitados, y a los pobres es anunciado

*el evangelio; y bienaventurado es el que no halle tropiezo en mí."* (Mateo 11:4-6).

Todas estas características del Mesías fueron previstas por el profeta Isaías. Jesús le estaba diciendo a Juan (y a nosotros) que el Reino no resuelve todo el caos. Algún día, en los cielos nuevos y la tierra nueva, todo será hecho nuevo, pero mientras tanto, vivimos en una tensión constante entre lo "hecho" y el "aún no".

---

LA VENIDA del reino de Jesús no resuelve todo el caos. Algún día, en los cielos nuevos y la tierra nueva, todo será hecho nuevo, pero mientras tanto, vivimos en una tensión constante entre lo "hecho" y el "aún no".

---

## LEONES SALVAJES
### Juan Huss

La historia es problemática porque personas imperfectas han tratado representar a Cristo, pero algunos han permanecido leones aun frente a la oposición intensa. Más de un siglo antes de Lutero, existió Juan Huss, y sus enseñanzas sobre la gracia llegaron a ser un faro de luz para los protestantes años después. Con la influencia de John Wycliffe, Hus comenzó a reverenciar las Escrituras por encima de las tradiciones y prácticas de la iglesia "deseando sostener, creer y afirmar lo que ellas contienen mientras tenga aliento en mí"[7] Debido a su oposición al papa y los líderes de la iglesia, fue excomulgado, pero continuó predicando el evangelio de gracia.

---

7 "John Huss: Pre Reformation Reformer," [Reformador pre reforma] *Christian History*, 8 de agosto de 2008, https://www.christianitytoday.com/history/people/martyrs/john-huss.html..

El papa le pidió que asistiera al concilio de Constanza para defender su opinión y le fue prometido un viaje seguro. Sin embargo, apenas Huss llegó, fue arrestado y encarcelado. Fue llevado delante del concilio el cual le exigía que se retractara y abjurara públicamente de su doctrina. Pero, aun así, se negó a retractarse y renunciar a su fe. Él respondió a sus interrogadores, "Ni por un saco de oro retractaría la verdad". El seis de julio de 1415, Huss fue ejecutado en la hoguera y mientras era consumido por las llamas, entonaba salmos a Dios. Cuando Martín Lutero leyó una de las colecciones de sermones de Huss, escribió: "Me sentí abrumado con asombro. Me costaba entender por qué razón podrían haber quemado a un hombre tan excepcional, quien explicaba las Escrituras con tanta seriedad y destreza."[8]

**Roberto Jermain Thomas**

Roberto Jermain Thomas vivió a mediados del siglo XIX. Desde muy temprana edad sentía el llamado a las misiones. Culminó sus estudios y contrajo matrimonio y en el año 1863, él y su esposa se mudaron a Shanghái, China. Vivían bajo condiciones poco sanitarias, así que Roberto dejó su hogar en busca de mejor alojamiento. Durante su ausencia, su esposa, quien estaba embarazada, tuvo un aborto natural y falleció. Roberto estaba emocionalmente afligido y renunció a su agencia de misiones. Se mudó a otra ciudad en China cerca del borde con Corea donde trabajó como oficial de aduana. Allí conoció a otros misioneros que le presentaron a dos coreanos católicos que formaban parte de una iglesia clandestina.

El "Imperio ermitaño" (como se le conoce a Corea del norte) no permitía tener contacto con extranjeros y consideraba la distribución de literatura, incluyendo las Biblias, como un delito penado con

---

[8] "John Huss: Pre Reformation Reformer," [Reformador pre reforma] *Christian History*.

decapitación tanto para el distribuidor como para el destinario. Pero a Thomas no le intimidaba este dato; él aseguraba cajones de Biblias chinas, pero cuando entraba al país, sólo unos cuantos coreanos aceptaban las copias de las Escrituras. Thomas regresó a China con mejor comprensión de la resistencia de los coreanos hacia su fe. A este punto, en 1866, Corea comenzó a perseguir a la iglesia clandestina, matando a más de ocho mil personas. Inafectado por esto, Thomas encontró un barco americano que viajaba por el río Pyongyang, de regreso a Corea. Un grupo de coreanos enfadados amenazaron al barco y en su intento de escapar, se encalló. Enfurecidos, los coreanos prendieron fuego sus propios botes y los empujaron hacia el barco americano cual terminó quemado en la costa.

Según cuenta la gente, Thomas tomó cuantas Biblias pudo en sus brazos y se dirigió a la orilla. Fue asesinado mientras le suplicaba a la gente que se llevaran las Biblias. Muchas de las personas en la playa se llevaron copias de Biblia con ellos, sin saber qué eran. Un edicto del gobierno exigió que todos devolvieran todas las copias para que fuesen destruidas, pero un hombre, un oficial del gobierno llamado Pak Yong-Sik, decidió usar las hojas para cubrir las paredes de su casa. Muchos amigos y visitantes leyeron las palabras las cuales despertaron un interés en el Dios de la Biblia. Milagrosamente, muchos coreanos comenzaron a creer en Cristo. En 1970, llegó un avivamiento a la península de Corea, y hoy en día, más de un cuarto de la gente coreana cree en Cristo. En la playa donde murió Thomas queda la Iglesia memorial de Roberto Jermain Thomas.[9]

El valor de Thomas no lo protegió del caos que generó la muerte de su esposa y su bebé, ni tampoco impidió que muriera como un mártir defendiendo su fe. El caos que él generó ese día en la playa

---

9 Simonetta Carr, "Robert Jermain Thomas – First Protestant Martyr in Korea," [Robert Jermain Thomas – El primer protestante mártir en Corea] *Place For Truth*, 27 de abril de 2021, https://www.placefortruth.org/blog/robert-jermain-thomas-first-protestantmartyr-in-korea.

parecía ser un fracaso total, pero Dios lo usó para dirigir toda una nación a Cristo.

## Martín Luther King Jr.

La historia americana ha sido indeleblemente marcada por la mancha de la esclavitud. Los historiadores estiman que setecientas mil personas perecieron en la guerra que buscaba terminar con la "Institución peculiar" (llevaba por nombre la esclavitud del sur). Pero desafortunadamente, la muerte y destrucción del conflicto no le puso el fin esperado a la esclavitud. Poco después de haber terminado la guerra, la Reconstrucción prometió la ciudadanía y avance económico para la gente negra, pero cuando terminó, los Códigos Negros y las leyes Jim Crow pusieron un límite a la libertad de los que solían ser esclavos y cuatro mil personas negras fueron linchadas escandalosamente. En 1948, el presidente Truman emitió un decreto ejecutivo que prohibía la discriminación en la milicia estadounidense. A mediados de la década del siglo XX, se propuso varias veces la legislación de los derechos civiles; un grupo de senadores poderosos la detuvieran una y otra vez. Para los años 1950 y 1960, los líderes negros en el Sur del país comenzaron a exigir cambios substanciales. El primero de diciembre de 1955, Rosa Parks se negó a dar su asiento a un pasajero blanco en un autobús en el Montgomery, Alabama. Ella fue arrestada y la comunidad negra formó la Asociación para el Progreso de Montgomery (MIA) bajo el liderazgo del pastor bautista Martin Luther King Jr. El boicot al sistema de autobuses de la ciudad duró 381 días hasta que el Tribunal Supremo dictaminó que la segregación racial era inconstitucional.

Dos años después, nueve estudiantes negros intentaron asistir a la escuela secundaria central en Little Rock, Arkansas, pero fueron enfrentados por una multitud de civiles furiosos y el gobernador

Orval Faubut tuvo que llamar a la Guardia Nacional. En 1960, cuatro estudiantes negros tuvieron el valor de sentarse en la barra de almuerzo en Greensboro, Carolina del norte. Por varios días, cientos de otros estudiantes en el Sur se unieron a ellos en tiendas locales y finalmente, los dueños de negocios permitieron a los cuatro originales sentarse allí y ser servidos. Fue una victoria importante. Todo esto dio un impulso a la igualdad y la integración aumentó, tanto que el próximo año, siete personas negras y seis blancas se subieron a un autobús de Greyhound y se convirtieron en los *"Freedom Riders"* por el sur el país. Enfrentaron ataques y bombardeos de la policía y otros espectadores. En Anniston, Alabama, se tiró un explosivo en un autobús y salió en las noticias. La empresa de autobús no pudo encontrar otro conductor, pero el fiscal de la oficina de los Estados Unidos General Robert Kennedy obligó al gobernador de Alabama John Patterson a que buscara alguien que condujera otro autobús para los trece *"Freedom Riders"*. La violencia continuó. Fueron atacados en Montgomery y la brutalidad no paró hasta que intervinieron agentes federales. En Jackson, Mississippi, los viajeros ("riders") recibieron el apoyo de cientos de personas, pero el grupo entero fue arrestado por traspasar en una facilidad que era "sólo para blancos".

Para el mes de abril de 1963, el reverendo King había llamado la atención de la nación. En Birmingham, Alabama, el jefe de policía Bull Connor utilizó la manguera para incendios y perros en contra de los protestantes, incluyendo niños escolares. King esperaba ver el apoyo de todos los pastores negros y la simpatía de los pastores blancos también, pero muchos de ellos pensaron que sus esfuerzos hacían más daño que bien. King estaba generando caos y ellos no podían entenderlo. Ellos creían en métodos más razonables, lentos, un proceso pacificador que produjera un cambio. Cuando King fue arrestado, escribió una carta a los líderes que titubeaban en tomar una postura firme por el cambio que anhelaban ver. La larga y apasionada carta que escribió contiene tanta visión y valor, como el fragmento a continuación:

*"La comprensión superficial de la gente de buena voluntad es más frustrante que la incomprensión de la gente de mala voluntad. La débil aceptación es mucho más desconcertante que el rechazo más rotundo".*

*"Por lo tanto la pregunta no es si somos extremistas o no, más bien qué tipo de extremistas seremos. ¿Seremos extremistas del odio o del amor? ¿Seremos extremistas de la preservación de la injusticia o de la extensión de la justicia?".*

*"Tengamos esperanza de que las nubes oscuras del prejuicio racial pronto pasarán y la densa neblina de la incomprensión será removida de nuestras comunidades atemorizadas, y, en un no muy lejano mañana, las estrellas radiantes de amor y hermandad brillarán sobre nuestra gran nación con toda su belleza brillante".*

*"El juicio de Dios está sobre la iglesia como nunca antes. Si la iglesia de hoy no recaptura el espíritu sacrificial de la iglesia primitiva, perderá su autenticidad, perderá la lealtad de millones, y será despedida como un club social irrelevante sin ningún valor o significado para el siglo veinte".*

*"Cuando los cristianos primitivos entraban a una ciudad, las personas de poder se sentían perturbados y rápidamente buscaban condenar a los cristianos por 'perturbar la paz' y ser 'agitadores externos'. Pero los cristianos seguían adelante con la convicción de que eran una 'colonia celestial' llamada a obedecer a Dios, no al hombre. Aunque era pequeña en tamaño, era grande en su compromiso. Estaban demasiado intoxicados de Dios para sentirse 'astronómicamente intimidados'. Gracias a su esfuerzo*

*y su ejemplo, lograron ponerle un fin a los males antiguos como el infanticidio y concursos de gladiadores".*

En agosto de 1963, los activistas de derechos civiles organizaron una marcha en Washington, a la cual asistieron más de doscientas mil personas, y Martin Luther King pronunció su famoso discurso, "Tengo un sueño". El presidente Lyndon Johnson utilizó su capital política para aprobar la Ley de Derechos de 1964, la cual garantizó la equidad de empleo y aseguró la integración en los lugares públicos y restringió el uso de las pruebas de alfabetización en la votación. Fue un gran paso hacia adelante, pero la pelea aún no terminaba. En la primavera del siguiente año, un grupo de seiscientas personas que hicieron una marcha pacífica de Selma a Montgomery fue atacada por el estado de Alabama y la policía local bajo la dirección del gobernador supremacista blanco George Wallace. De allí en adelante, ese día sería conocido como el "Domingo Sangriento" (Bloody Sunday).

El Doctor King fue asesinado el día catorce de abril, en un balcón de un hotel en Memphis, Tennessee. Su muerte provocó una erupción de odio entre los americanos negros, al igual que en los blancos que seguían y creían en su causa. A todas partes donde iba, generaba caos y presentaba a la gente la opción de escoger entre la causa de Dios –un camino de dignidad y amor— o el camino de la superioridad y el odio. Él era un león del movimiento por los derechos civiles.

---

**A TODAS partes donde iba, generaba caos, y presentaba a la gente la opción de escoger entre la causa de Dios –un camino de dignidad y amor— o el camino de la superioridad y el odio. Él era un león del movimiento por los derechos civiles.**

---

**Nelson Mandela**

Una de las historias más sorprendentes de las décadas pasadas es lo que sucedió en Sudáfrica. Dos hombres terminaron convirtiendo un caos destructivo en algo más hermoso de lo que nadie pudo haber imaginado. Nelson Mandela, el hijo del jefe tribal, estudió leyes y se convirtió en uno de los primeros abogados negros del país. Por más de un siglo, los blancos mantuvieron a los negros, o "colorados" (un término amplio para las personas con piel color morena cuyos ancestros eran multirraciales), y a los indios en una posición social de segunda clase conocida como *apartheid*. El activista político, Mandela, fue elegido como líder de la rama juvenil del congreso nacional africano. Al mismo tiempo, dirigentes rebeldes en otros países acumulaban ejércitos que pelearan en contra de la opresión y la injusticia, y Mandela estaba convencido que la resistencia armada era la única esperanza para llegar a cambiar la segregación racial. Mandela fue arrestado en 1962 por traición y conspiración y fue sentenciado a prisión de por vida y trabajo pesado en la colonia penal en la Isla Robben.

En 1988, Mandela fue diagnosticado con tuberculosis. En ese momento, el panorama político comenzaba a cambiar y en menos de dos años, fue liberado de la prisión. Junto al presidente F. W. de Klerk, negociaron el fin de apartheid, y en 1994, la primera vez que se le permitió votar, Mandela fue presidente electo de Sudáfrica.

Sin embargo, la tensión se mantuvo alta en el país. En las negociaciones en torno a la nueva constitución, de Klerk puso como condición una amnistía general para los blancos que habían cometido atrocidades. Los negros seguían furiosos por el abuso, la brutalidad de la policía, y la desigualdad que los mantuvo bajo opresión y en la pobreza por tantos siglos. Por otro lado, los blancos estaban furiosos porque su puesto cultural dejaba de ser supremo. Mandela y Arzobispo Desmond Tutu tuvieron la brillantez de formar la comisión de la verdad y la reconciliación. Durante las audiencias, las víctimas afirmaron que fueron torturadas y relataron historias horrendas sobre familiares que fueron asesinados y desaparecidos. Por otro lado, los blancos quienes fueron víctimas de la violencia del movimiento de liberación negro también testificaron. A aquellos que habían cometido atrocidades, en ambos lados, y fueran trasparentes y directos respecto a sus delitos, se le presentó la posibilidad de amnistía formal. La comisión recibió más de siete mil aplicaciones, tuvo dos mil quinientas audiciones y concedió la amnistía a mil quinientas personas por sus delitos durante el apartheid.

Reflexionando sobre la importancia del trabajo de la comisión, Mandela comentó, "Al final, la reconciliación es un proceso espiritual que requiere mucho más que un marco legal. Debe tomar lugar en los corazones y en las mentes de la gente".[10] El obispo Tutu agregó, "La verdadera reconciliación nunca es barata, ya que su fundamento es el perdón y este es costoso. El perdón depende del arrepentimiento, el cual se basa en reconocer el error de uno, y, por ende, revelar la verdad. No puedes perdonar lo que no sabes".[11]

¡Y tú piensas que tienes problemas en tu iglesia! Estos dos hombres, sabios y valientes, (y tantos más que se unieron a ellos en su esfuerzo) se sumergieron en el caos racial entrelazado en su país y abrieron un camino nuevo para las víctimas y para que los perpetradores fueran honestos consigo mismos. Cada conversación, cada testimonio, y cada memoria de cada atrocidad –infligida o recibida— generó una tensión inmediata para las personas involucradas, pero estos

---

10 "Address by President Nelson Mandela to the Annual Conference of the Methodist Church," [Discurso del president Nelson Mandela en la conferencia annual de la iglesia metodista] *Nelson Rolihlahla Mandela*, 18 de spetiembre de 1994, http://www.mandela.gov.za/mandela_speeches/1994/940918_methodist.htm.
11 "Statement by Archbishop Desmond Tutu on His Appointment to the Truth and Reconciliation Commission," 30 de noviembre de 1995, https://www.justice.gov.za/trc/media/pr/1995/p951130a.htm.

mismos momentos fueron los que ofrecieron sanidad, esperanza, comprensión y perdón.

El caos puede reforzar nuestro rol como leones, o puede reducirnos a gatos domésticos. Sé un león.

*"Un buen líder no es un buscador de consensos, sino un moldeador de consensos". –Martin Luther King Jr.*

## CONSIDERA LAS SIGUIENTES PREGUNTAS:

1) Cuando Luther lanzó la gran reforma, generó un caos para la gente en Europa. ¿Cuáles fueron los riesgos y las recompensas de cada lado?

2) ¿Cuáles son algunos de tus personajes e historias favoritos del Viejo Testamento que demuestran valor en medio del caos?

3) Medita en los días primitivos de la iglesia después del día del Pentecostés. ¿En qué maneras generaron caos los apóstoles? ¿En qué maneras respondieron al caos que otros generaron?

4) En tu vida, en siglos pasados o en el actual, ¿quién ha sido una figura heroica que enfrentó el caos y confió en Dios y esperó algo grande? ¿Cómo ha sido esa persona de influencia en tu liderazgo?

5) ¿Qué dice la gente sobre ti y tu liderazgo? ¿Te ven como un león o como un gato doméstico? Explica tu respuesta.

## CAPÍTULO 3
# ¿UN CAOS PLANIFICADO O UNA INTERRUPCIÓN SORPRENDENTE?

*"Si vamos a mejorar el futuro debemos molestar a los presentes."*

–Cetherine Booth

Como hemos visto, el caos puede provenir de diferentes fuentes. En mis años de pastor y consultor a pastores, hubo momentos en los que cuidadosamente orquesté una temporada de cambio, pero hubo otros en los que ciertos eventos me tomaron por sorpresa. Ambos generaron caos, pero como podrás imaginar, uno resultó ser más desafiante que el otro.

Pero retrocedamos un poco y examinemos las preguntas inherentes de las mentes de administradores y líderes quienes tienen reacciones muy diferentes al caos y al cambio. Los administradores preguntan "¿qué es?". Se enfocan en el presente, el estatus quo, y los eventos y las personas bajo su control actual. Luego preguntan, "¿cómo podemos mejorarlo?". Invierten todos sus esfuerzos en simplificar y ajustar. No tiene nada de malo querer mejorar los sistemas existentes, pero los líderes hacen preguntas muy diferentes:

"¿Qué fue?" (mira hacia el pasado).

"¿Qué es?" (mira el presente).

"¿Qué si...?" (explora el futuro).

"¿Incluso si...?" (considera el costo).

Las primeras tres son auto explicativas, pero la cuarta necesito explicarla. Cuando los líderes plantean la pregunta de "¿Incluso si...?" están pensando y también determinando. Están considerando seguir adelante con un plan audaz aún si no hay fondos, incluso si el momento no es el correcto, incluso si algunos miembros del equipo no entienden, incluso si algunas personas se van de la iglesia, y mil otras posibilidades.

Cuando era el presidente del colegio bíblico y tuve la gran idea de ofrecer clases matutinas, yo hice cada una de esas preguntas: "¿Qué si ofrecemos clases a horarios atractivos para los que vienen de otras partes y trabajan?". "¿Por qué no probar y ver qué pasa?". "Lo peor que puede pasar es que los estudiantes no se registren para esas clases y tengamos que volver a cómo eran las cosas antes".

Los administradores se enfocan en simplemente hacer que las cosas corran su curso; los líderes ven más allá al futuro y crean una nueva realidad para su gente.

---

**LOS ADMINISTRADORES se enfocan en simplemente hacer que las cosas corran su curso; los líderes ven más allá al futuro y crean una nueva realidad para su gente.**

---

Una amiga me preguntó, "Sam, ¿el caos planificado es siempre perturbador?". Yo le respondí, "No, no siempre lo es. Si las personas involucradas entienden completamente, se alinean con la visión y el plan del líder y captan el qué y el por qué, y confían completamente en el líder, entonces no habrá ninguna perturbación".

"Pero ese no ha sido el caso en ninguna de las organizaciones en las que yo he estado" dijo ella.

A lo cual yo respondí, "Precisamente. Es por eso que los líderes necesitan entender la naturaleza de guiar hacia el caos y atravesarlo para alcanzar algo asombroso. Simplemente comunicar el qué no es suficiente. Las personas en el equipo, en el consejo, y en cada nivel de liderazgo y de la iglesia en general necesitan por lo menos comenzar por entender el corazón, el motivo, y el "por qué" porque son lo que nos impulsan al cambio y al crecimiento".

## POR SORPRESA

El caos no planificado viene de todas las formas y todos los tamaños. Puede llegar en forma de un desastre natural como un fuego o un terremoto, o de un diagnóstico repentino de un miembro del equipo, de la familia o hasta en la forma de una recesión… o una pandemia. Ninguna de estas formas promete un resultado rápido y beneficioso. Al contrario, usualmente requieren un largo tiempo de restauración y recuperación. Pero la gente generalmente crece más a raíz de la adversidad que del éxito desenfrenado. Por lo tanto, las calamidades pueden ayudar a unir a la gente, brindar claridad a los valores, y ajustar la visión.

El 18 de abril de 1906, San Francisco casi fue eliminado del mapa por un terremoto masivo. La tierra templó como por un minuto, pero los resultados fueros desastrosos. Las líneas de gas reventaron causando explosiones e incendios durante tres días destruyendo como quinientos bloques de la ciudad. La mitad de la población de la ciudad, como cuatrocientas personas, se quedó sin hogar y alrededor de tres mil personas perecieron a causa del terremoto y de los incendios.[12] A.P. Giannini llegó a la conclusión que el sistema bancario del momento no era adecuado para proveer los fondos necesarios para reconstruir la ciudad, así que decidió abrir una agencia de préstamos nueva, la cual al poco tiempo se llamó el Banco de América. Su propuesta innovadora era prestar dinero directamente a las personas que lo necesitaban para reconstruir, en vez de únicamente a los mayores promotores. Hoy en día, su propuesta es la norma en

---
12 "San Francisco Earthquake, 1906," [Terremoto de San Francisco, 1906] *National Archives*, https://www.archives.gov/legislative/features/sf.

financiación hipotecaria, pero en el verano de 1906, en el área de Bay, su innovación era algo desconcertante. En un artículo publicado en el periódico *Wall Street Journal* sobre la necesidad del liderazgo creativo durante tiempos de disrupción económica y social, Jason Zweig hizo un comentario sobre Giannini: "Su historia muestra que la innovación muchas veces surge cuando una persona fuera de lo común y un hecho insólito se chocan".[13]

Durante los desastres, yo creo que los pastores y sus iglesias brillan más que nunca su luz en la oscuridad. Son la sal que preservan a las personas y añaden sabor a las comunidades. Una y otra vez, he visto a los líderes audaces y creativos meterse en situaciones extremas para guiar al pueblo por quien se preocupan y ayudar a los heridos y desplazados. La Casa Blanca reconoce el rol crucial de las iglesias y las sinagogas. La oficina para asociaciones religiosas y vecinales dijo, "Las organizaciones sin fin de lucros, incluyendo las organizaciones religiosas y comunitarias, cumplen un rol vital en la preparación para desastres, y en garantizar una recuperación inclusiva, participativa y accesible a toda la comunidad. Estas organizaciones llenan los espacios directamente y suplementan donde las autoridades y los recursos gubernamentales no llegan.[14]

Mucho antes que las agencias gubernamentales y las denominaciones crearan ramas organizativas que responderían ante una emergencia, los cristianos eran quienes llegaban a ayudar. Algunos de los actos de sacrificio y amor más dramáticos de la historia tuvieron lugar durante dos plagas devastadoras en el segundo y tercer siglo, cada vez eliminando un cuarto de la población del imperio romano.

---

13 Jason Zweig, "An Unlikely Hero for 1906, 1929, and Today," [Un héroe improbable para 1906, 1929 y hoy] *Wall Street Journal*, 29 de mayo de 2020, https://www.wsj.com/articles/an-unlikely-hero-for-1906-1929-and-today-11590764100.
14 Justine Brown, "Churches Play a Growing Role in Emergency Management," [Las iglesia juegan un papel creciente en la gestion de emergencias] *Government Technology*, 24 de abril de 2015, https://www.govtech.com/em/disaster/churches-playing-growingrole-emergency-management.html

La primera probablemente fue la viruela y la segunda puede que haya sido el sarampión. En cada una de estas plagas, el porcentaje de muerte hace que COVID-19 se vea como un leve rasguño. Estos eran años de persecución de los cristianos, así que tenían la razón y el derecho de esconderse para preservar sus vidas y evitar que los culparan por dichas enfermedades, pero ese no fue el caso. Los doctores paganos huyeron buscando preservar sus vidas, y otros no creyentes abandonaron familiares moribundos, sin siquiera dejarles agua, comida o algún cuidado. Sin embargo, los cristianos no huyeron. Se quedaron y cuidaron a sus familiares enfermos y también a sus vecinos paganos. Dionysius, obispo de Alexandria, describió el amor y el valor de los cristianos así:

*"La mayoría de nuestros hermanos cristianos demostraron un amor y una lealtad sin límites, pensando únicamente en otros en vez de su propia protección. Arriesgando sus vidas, se hicieron cargo de los enfermos, suplieron cada una de sus necesidades y le ministraron de Cristo, y hasta en ocasiones partieron de esta vida con un gozo sereno, porque muchos de ellos se contagiaron de sus vecinos y alegremente padecieron el dolor. Muchos, al atender y cuidar a otros, transfirieron su muerte a sí mismos y murieron en su lugar."*[15]

El sacrificio de los cristianos se destacó de la autoprotección de los paganos. Dionysius describió la diferencia:

*"Pero con los inconversos las cosas eran muy diferentes. Ellos abandonaban a los que se contaminaban y huían hasta de sus más cercanos amigos. Rechazaban cualquier participación o compañerismo con los muertos; y con todo eso, con todas sus precauciones, no les era fácil escapar."*[16]

---
15 Eusebius, *Eccl. Hist.* 7.22.7–10.
16 Eusebius, *Eccl. Hist.* 7.22.7–10.

¿Qué diferencia hizo este tipo de atención y cuidado? Los enfermos que fueron cuidados por los cristianos mostraron tener un índice de sobrevivencia más alto. Los creyentes se exponían a la enfermedad al brindar provisiones y ayuda a sus vecinos, y los paganos lo notaron. Al principio de la primera plaga, los cristianos representaban menos de una décima de uno por ciento del imperio, pero un par de siglos después de la segunda plaga, la iglesia estaba compuesta por más de la mitad de la población. ¿Cómo ocurrió esto? Los líderes y la gente vieron una catástrofe existencial y la amenaza eminente de la muerte como una oportunidad de ser las manos, los pies y la voz de Cristo.

> **LOS LÍDERES** y la gente [pueden convertir] una catástrofe existencial y la amenaza eminente de la muerte como una oportunidad de ser las manos, los pies y la voz de Cristo.

He conocido pastores de iglesias que han sufrido daños severos de desastres naturales como incendios, huracanes, y terremotos. Su seguridad fue consumida y arrebatada en tan sólo horas. Pero la construcción de la iglesia no era el único problema; casi todas las casas en dichas comunidades sufrieron daños, algunas sufrieron daños menores y otras desastrosos. Tomó mucho tiempo limpiar los escombros, salvar lo que pudieran y empezar a reconstruir, pero a través de todo, los líderes y su gente entablaron relaciones más fuertes porque compartieron en el sufrimiento. Vecinos ayudaban a vecinos, sin importar si fueran a su iglesia o no. Equipos formados por miembros de las iglesias pasaban días y hasta semanas limpiando casas, y hasta a veces descuidando sus propias casas, para atender a las personas en las calles o en otros vecindarios. No es de extrañar que cuando los servicios comenzaron otra vez en una facilidad provisoria, muchos de los vecinos asistieron. El amor que sintieron les provocó un hambre por conocer qué motivaba a esta gente de la iglesia a servirles y cuidar de ellos.

## INTENCIONAL

Afortunadamente, la mayor parte del caos que experimentamos es intencional, pero trazar un camino que nos lleve hacia un crecimiento significativo requiere de sabiduría y valor. Cuando me reúno con pastores que quieren que sus iglesias crezcan, les sugiero que inviertan su tiempo y energía en estar cien por ciento seguros del qué y el por qué –la estrategia detrás de su visión—. El qué es fácil; el por qué es mucho más difícil de englobar. Usualmente paso muchas horas con ellos, sondando y conversando (y a veces hasta debatiendo) el por qué. ¿Por qué esto? ¿Por qué ahora? ¿Por qué aquí? ¿Por qué estas personas? ¿Por qué estos beneficios? ¿Por qué este costo?

Yo soy una persona segura que no tiene intenciones escondidas tratando de aprovecharme de ellos, por lo tanto, cuando rechazo sus ideas, no lo pueden tomar como algo personal. Así que no importa cuánto tiempo tome, no nos movemos hasta que el por qué sea más claro que el agua y convincente. Llegados a ese punto, hago tres preguntas que nos mueven hacia el qué: "¿Qué tal si...?", "¿Por qué no?", y "¿Qué es lo peor que pudiera ocurrir?".

Luego, desarrollamos una estrategia de comunicación:
- » ¿Qué le dices a tu equipo de liderazgo y al consejo para que entiendan la visión y te sigan cuidadosa y pacientemente?
- » ¿Cuándo comunicas la visión?
- » ¿Cómo la presentas de manera que la puedan entender?
- » ¿Cuál es la secuencia de detalles que necesitan?

» ¿Cuáles son las preguntas que necesitas anticipar?
» ¿Cuáles de esas preguntas necesitan ser contestadas antes de que hables con ellos, y cuáles preguntas serán contestadas a lo largo del proceso?

Algunos pastores saltan demasiado rápido y comienzan a sembrar semillas sin antes preparar la tierra. Yo les aconsejo que se tomen el tiempo en el liderazgo y pasen tiempo en las reuniones del consejo conociéndose unos a otros, enfocándose en las relaciones, y creando confianza. Así podrán afirmarse unos a otros, alentarse, y celebrar todo lo que Dios ha hecho y está haciendo en sus vidas. (Esto es muy importante, así que quizás necesiten cultivar dichas relaciones por varios meses antes de comenzar a comunicar la visión). Los líderes pobres suponen que ya han creado una cultura de crecimiento, o no están percatados de la importancia de la confianza, pero los buenos líderes cultivan cuidadosamente una atmosfera de honestidad y apreciación. Como hemos visto, los buenos líderes entienden que lo que sucede en una reunión es producto de lo que aconteció en las reuniones antes de la reunión principal. Los desayunos, los juegos, las conversaciones por teléfono, y las conversaciones abiertas milagrosamente ayudan a superar cualquier sospecha que pueda haber y crear confianza.

Al pensar en las personas bajo nuestro liderazgo y a quienes servimos, prácticamente todos podemos identificar instantáneamente el equipo de liderazgo y los miembros del consejo que harán las preguntas más difíciles, y sabemos a quién todos miran en busca de las respuestas. Si esa persona apunta en la dirección correcta, otros seguirán, pero si no... ganar a esa persona, o al menos neutralizar su resistencia, es un prerrequisito importante. Luego, cuando el momento sea correcto, los líderes pueden comenzar a comunicar la visión al resto del consejo y al equipo de liderazgo, y esta puede ser presentada utilizando las tres preguntas que han debatido conmigo y consigo mismos. Las conversaciones preparatorias harán la comunicación de la visión más fácil y las personas la recibirán más rápidamente. Las personas seguirán teniendo preguntas, pero los líderes habrán llegado más lejos en el camino que si no hubiesen creado un ambiente positivo.

## EL PODER DE LAS HISTORIAS

Cuando comunicamos una visión, necesitamos guiar con una narrativa convincente. A las personas les gustan las historias, así que dales una que toque sus corazones y abra sus ojos. Por ejemplo, cuando tuve la idea de ofrecer las clases matutinas, comencé diciendo, "Jim, una vez visité la universidad por la noche y el estacionamiento, las calles y otros espacios estaban todos ocupados y tuve que estacionarme en una calle varios bloques de distancia. Las mujeres caminaban en tacones en la calle porque no hay acera donde caminar. Cuando miraba a la gente, me preguntaba qué podríamos hacer para hacerles la vida más fácil y más segura... y fue allí cuando se me ocurrió una idea: podríamos ofrecer clases temprano por la mañana". Mi narrativa se convirtió en el marco para la visión.

A veces, una oportunidad inesperada puede ser la causa del caos. Tuve una vez una consulta con un pastor que me llamó un día y me explicó que en su mano tenía un sobre con una oferta de alguien que quería comprar el edificio de su iglesia y propiedad. La oferta era de millones de dólares por encima de lo que él creía que valía, y el comprador ofreció términos y condiciones generosas: la iglesia podría continuar en esa facilidad por dos años mientras buscaban una nueva propiedad donde pudieran construir su nuevo edificio. Él me dijo, "Sam, yo creo que es una oportunidad que no podemos dejar pasar, pero nuestra gente ama este lugar. ¿Cómo puedo ayudarlos a ver el beneficio de movernos?".

> A VECES, una oportunidad inesperada puede ser la causa del caos.

Yo le aconsejé, "Toma tiempo en buscar información sobre la historia de la iglesia en los últimos setenta años, y busca historias específicas sobre cómo Dios ha obrado en y a través de la gente en la congregación. Habla sobre las dificultades y la pérdida, la compasión y la provisión milagrosa, y el impacto en las familias y la comunidad. Busca fotos y videos más recientes, videos de las personas que han significado mucho para la iglesia. Explícales cuán improbables eran los resultados positivos, pero acontecieron porque el pueblo de Dios confió en que Él haría lo imposible".

Luego le dije, "Cuéntales historias que evidencien la fe audaz, la obediencia valiente, y la confianza en el amor y el poder de Dios. Cuéntales estas historias, cuéntalas a menudo, y cuéntalas bien. Conecta las historias a pasajes de las Escrituras cuando el pueblo de Dios estaba en problemas, pero los líderes confiaron en que Dios los ayudaría. De hecho, ¡este tipo de narrativos abarcan la mayor parte de la Biblia! Abraham, Isaac, y Jacob; Josué y Gedeón; David y Salomón; Elías y Eliseo; Jeremías y Isaías; los discípulos y Pablo; y sobre todo, Jesús. Cada uno de ellos tuvo que enfrentar pruebas de fe. No había soluciones fáciles y rápidas. Pero igualmente enfrentaban el caos y confiaban en que Dios les proveería... y Él así lo hacía. Los primeros diecisiete versículos del libro de Mateo enlistan la genealogía de Jesús, y contiene algunos personajes algo inesperados, incluyendo a una prostituta, una mujer moabita, y un asesino. Y Dios usó a personas así... como las personas en la iglesia".

En pocos minutos, lo entendió. Ahora podía visualizarse en las salas de reunión con el consejo y su equipo contándoles historias sobre la historia de la iglesia, sobre su fe audaz, y estaba convencido de que estas historias cautivarían sus corazones. Asimismo, podía visualizarse contando las mismas historias desde el púlpito el domingo por la mañana.

La importancia de usar historias como una herramienta de comunicación principal no es un concepto nuevo. La narrativa característica del pueblo judío es Dios liberando a sus ancestros de la esclavitud en Egipto, abriendo el mar rojo, y luego guiándolos por cuarenta años a la tierra prometida. Una y otra vez, en los Salmos y a través de los profetas, esta historia les recordaba de su identidad en Dios. El Nuevo Testamento no excluye esta historia. Si no que la incorpora al mensaje del evangelio: Jesús es el templo verdadero, Jesús es el sumo sacerdote, Jesús es el sacrificio perfecto y Jesús libera a su pueblo de la esclavitud del pecado y la muerte. Los judíos y los cristianos primitivos eran expertos en contar historias, y necesitamos seguir su ejemplo, para que nuestra gente pueda realizar la visión que Dios nos ha dado.

Para estar seguros, la mayoría de los pastores son narradores brillantes desde un púlpito, pero se olvidan contar las historias en las reuniones del consejo y sus equipos. ¿Toma tiempo contar historias? Sí, pero ¿acaso no perdemos mucho más tiempo y energía tratando de convencer a las personas cuando no las contamos? Sí, eso es así.

Las narrativas generan impulso, el cual es velocidad multiplicada por masa. La velocidad es rapidez con dirección. Los hechos de la historia son la masa, y la emoción generada por las historias es la velocidad –juntos, crean un impulso hacia una nueva realidad—.

> **LAS NARRATIVAS** generan impulso, el cual es velocidad multiplicada por masa. La velocidad es rapidez con dirección. Los hechos de la historia son la masa, y la emoción generada por las historias es la velocidad –juntos, crean un impulso hacia una nueva realidad—.

Cuando el pastor habló con sus líderes sobre la oferta de comprar la iglesia, les dijo, "En mi mano tengo una oferta fantástica de comprar nuestra iglesia. Tenía miedo de contarles al respecto, pero ya no tengo miedo de hablar de la fidelidad de Dios a lo largo de nuestra historia y cómo nos ha desafiado y siempre ha provisto. Yo creo que Dios quiere hacerlo otra vez. Aquí. Ahora. Con nosotros. Tengo confianza porque aquellos que estuvieron antes de nosotros, y aquellos que están hoy en este salón, le han creído a Dios de manera grande. Una y otra vez, hemos visto la fidelidad de Dios guiarnos y proveer. Permítanme contarles un poco sobre dichas personas…". Después de contar un par de historias, les dijo, "Ahora, con mis manos temblando, quiero sacar los papeles de este sobre y compartir con ustedes la posibilidad que tenemos de escribir un nuevo capítulo en nuestra historia".

Cuando el pastor leyó la carta y compartió la oferta, hubo lágrimas en ese salón. No hubo odio, temor, ni desconfianza. Él había admitido su propio temor al cambio, y compartió cuántas personas más se habían sentido así y tuvieron que superar el temor con la fe. Él fue bien honesto con ellos: "Seguramente tienen muchas preguntas, pero en este momento, tengo pocas respuestas. Pero sí les aseguro que juntos exploraremos cada detalle y resolveremos cada problema –al menos lo mejor que podamos— porque en toda aventura siempre habrá aspectos desconocidos. No les estoy pidiendo que confíen en mí; les estoy pidiendo que confíen en Dios. Yo creo que podemos hacerlo".

*"No supliquéis a Dios que os dé una carga apta a vuestros hombros; pedidle unos hombros aptos para soportar vuestras cargas.".*
–Phillips Brooks

## CONSIDERA LAS SIGUIENTES PREGUNTAS:

1) ¿Cuáles eventos sorprendentes han generado caos en tu vida y en tu iglesia? ¿Cómo respondiste a cada uno?
2) ¿Cuál es tu reacción al concepto de "caos intencional"? ¿Te parece locura o una parte esencial del liderazgo? Explica tu respuesta.
3) Piensa en tu próxima "buena idea" para tu ministerio y responde las siguientes preguntas:
   » ¿Qué fue?
   » ¿Qué es?
   » ¿Qué tal si...?
   » ¿Incluso si...?
4) ¿Cuáles son dos o tres de tus historias favoritas de la Biblia? ¿Qué de esas historias toca tu corazón?
5) ¿Cuáles son algunas historias de fe y de la fidelidad de Dios, evidenciadas en las personas que menos hubieras escogido para ser los héroes de la historia de tu iglesia?
6) ¿Tiene algún tipo de archivos tu iglesia? ¿Cómo podrías buscar y desenterrar algunas historias olvidadas? ¿Cómo las usarías? ¿Cuándo las usarías? ¿Qué impacto piensas que podría tener una historia así?

## CAPÍTULO 4
# CUANDO LOS LÍDERES LIDERAN

*"Se necesita algo más que una iglesia ocupada, amigable, o incluso una iglesia evangélica para impactar la comunidad para Cristo. Se requiere de una iglesia ardiente, dirigida por líderes que arden por Dios."*

–Wesley L. Duewel

Siegfried y Roy solía ser uno de los actos más famosos en Las Vegas; una presentación que incluía la participación de leones y tigres blancos domados en el Casino y Resort Mirage. Su acto era uno de los más largos en la historia: cuarenta y cuatro años, hasta que un día algo horrendo sucedió. El tres de octubre de 2003, Roy estaba en la plataforma junto a Mantacore, un tigre blanco. Al comenzar la presentación, el tigre se alejó de su marca en la plataforma. En vez de hacer caminar al tigre en un círculo como costumbre, Roy usó su brazo para tratar de dirigirlo, lo cual puso su estómago al nivel de los ojos del tigre. Mantacore se sintió confundido y reaccionó violentamente. Roy trató de calmar al animal, pero el tigre le mordió el brazo, lo tiró al piso, le mordió el cuello, lo tomó y lo llevó detrás del escenario como a una presa. Una persona que fue testigo del evento reportó, "Se necesitó de cuatro hombres y un extinguidor de fuegos para lograr que el tigre se alejara de él". El tigre había atravesado una de las vértebras de Roy, lo cual cortó la arteria al cerebro y finalmente resultó en una embolia.

En la ambulancia, camino a la sala de emergencias, Roy le dijo a uno de los paramédicos, "Mantacore es un buen gato. Asegúrense por favor que nadie dañe a Mantacore". Cuando todo terminó, el tigre se calmó y regresó a su jaula sin actuar violentamente.[17]

---

17 Jamie Burton, "Why Mantacore the Tiger Attacked Roy Horn of Siegfried and Roy," [Por qué el tigre Mantacore atacó a Roy Horn de Siegfried y Roy] *Newsweek*, 18 de enero de 2022, https://www.newsweek.com/why-tiger-attacked-siegfried-royexplained-1670348.

Pensarías que una historia así le enseñaría a la gente a ser más cuidadosa con los leones y tigres, pero no hace mucho tiempo, estaba desplazándome por la lista de actualizaciones de Instagram y vi una foto de una mujer acariciando la cabeza de un tigre. La mandíbula letal del animal estaba a tan sólo un pie de distancia de su cara. Eso es locura... simplemente locura...

O quizás no lo es.

## EL ZOOLÓGICO INTERACTIVO

Como lo he mencionado previamente, los líderes fueron creados para ser leones: audaces y fuertes, pero no viciosos. Sin embargo, muchos han sido domados por los años de resistencia, desilusión y la auto duda. Se me viene una imagen a la mente: un zoológico interactivo. Cuando mis hijas eran pequeñas, se deleitaban en pasear entre una mezcla de corderos, cabritas, conejos, tortugas y otras creaturas que no amenazaban su seguridad en absoluto. Estos animales plácidos me recuerdan a los pastores y otros líderes que han perdido su visión y su celo por marcar una diferencia. Se complacen con ser acariciados por la gente buena que dice cosas lindas sobre los mensajes y eventos lindos, y cualquier forma de pasión por lograr algo significativo es inconcebible.

Podría darte muchos ejemplos, pero mejor quiero contarte de una mujer que comenzó su ministerio como alguien que un día cambiaría al mundo. Cuando un día aceptó un puesto como pastora de jóvenes, tenía un apetito insaciable por los principios del liderazgo y trató de implementarlos tan pronto pudo ella primero asemejarlos. Inspiró a muchos estudiantes, voluntarios, y a todas las personas a su alrededor a ser y hacer más. Como cinco años más tarde, el pastor principal se retiró y el consejo la llamó para pedirle que fuera la nueva pastora principal. La etapa de luna de miel sólo duró como seis meses, pero después de eso, miembros del consejo comenzaron a quejarse que se movía demasiado rápido y era demasiada exigente. Decían que su celo era adecuado para los estudiantes, pero no funcionaba con los adultos, especialmente los adultos con cierto concepto de superioridad que creían saber más que ella.

Durante un año entero, luchó con su autoestima y seguridad. Acaso ¿no la había llamado Dios a liderar con visión y pasión? ¿Por qué no podía tomar lo que le dio resultados con los estudiantes y aplicarlo en su nuevo puesto de dirigir al consejo, y en la disciplina de hombres y mujeres adultos? Algunos de los esfuerzos por cambiar ciertos programas dieron resultados, pero otros fracasaron. Algunas de las personas en su equipo de liderazgo estaban de acuerdo con los comentarios del consejo de que ella procuraba hacer demasiado y en muy poco tiempo. Cada reunión se convertía en una prueba, y poco a poco, comenzó a dejar de exigir o esperar mucho de la gente y comenzó a conformarse con la aprobación y los comentarios positivos que recibía de la gente al predicar sermones agradables. Había sido domada y se convirtió en uno de los corderitos del zoológico interactivo de la iglesia.

---

**DE LAS décadas que llevo observando a la gente, puedo decir con certeza que nadie inicia con el plan o aspiración de ser uno de los animales en el zoológico interactivo.**

---

De las décadas que llevo observando a la gente, puedo decir con certeza que nadie inicia con el plan o con la aspiración de ser uno de los animales en el zoológico interactivo. Ningún hombre y ninguna mujer que responde al llamado de Dios al ministerio comienza con el sueño de ser mediocre. Nadie se ilusiona con sólo recibir un subsidio de residencia y exenciones fiscales. Sus mentes no añoran pasar su tiempo en reuniones aburridas hablando sobre detalles triviales. Su mayor anhelo no es hacer dedicaciones de bebés o reclutar para eventos especiales. No, se presentan porque tienen un profundo deseo, inspirado por Dios, de ser agentes de cambio, marcar la diferencia, y alcanzar al perdido y encender el fuego de un amor apasionado y obediencia en las personas a su alrededor; provocar un cambio en la gente, en su comunidad y en el mundo entero. Nada menos que eso.

Yo sé bien que ser domado es algo que puede ocurrir fácilmente, porque me pasó a mí. Como les compartí al comienzo, cuando asumí mi rol de pastor, inmediatamente tuve que enfrentar la oposición del consejo al expresar mi idea de crear más visibilidad en las páginas amarillas, y eso fue sólo el comienzo. Luego, algunas personas se fueron de la iglesia, y ¿quién era el culpable? Obviamente yo. Cuando preparaba mis sermones, estaba seguro que el mensaje tocaría el corazón de las personas y los transformaría, pero cuando hablaba, contaban los minutos para que terminara y pudieran irse a almorzar. Al finalizar el servicio, me paraba junto a la salida de la iglesia, me daban la mano, me sonreían y decían, "Gracias pastor Sam. Ese fue un lindo mensaje". Era como si estuvieran acariciándome la cabeza y diciendo, "Nos gusta cuando es un cordero, pastor Sam. Quédese en el zoológico interactivo. Espero que se sienta a gusto". Poco a poco, llegué a la conclusión que esto era lo mejor para todos; decidí convertirme en un pastor agradable que predica sermones de aliento a las personas que están contentas únicamente cuando no son desafiadas o incomodadas. Todos podíamos estar felices en el zoológico interactivo.

También he tenido la dicha de consultar con muchos pastores que han preservado el fuego en sus corazones, pero lo han reorientado a otra área: a manejar eventos y personas. Desean ser los mejores administradores posibles. No tiene nada de malo querer hacer el trabajo bien, pero me temo que han cambiado la definición del trabajo... lo han reducido a algo inferior al liderazgo visionario. Se han convertido en hacedores en vez de soñadores. Se enfocan en calibrar sus sistemas en vez de rehacerlos completamente. Tienen una actitud con aversión al riesgo, no están dispuestos a probar ideas nuevas a menos que tenga una alta probabilidad de éxito.

En vez de cambiar al mundo, quieren cambiar qué tan bien opera la iglesia, con una visión limitada a las cuatro paredes en vez de expandirse hacia afuera y alcanzar a la comunidad. Su plan de trabajo es no perder a toda costa, ni tampoco ganar a lo grande. Para extender mi analogía, no son exactamente animales en un zoológico interactivo, sino ponis para que los niños más grandes puedan pasearse seguramente. Estos pastores trabajan duro y se esfuerzan por alcanzar la excelencia, por lo tanto, no van a admitir que han dejado de ser leones. Esto es especialmente cierto cuando se trata de los pastores que están en los sesenta con un plan de retiro que se avecina. No quieren arriesgarse demasiado, y no quieren sacudir el barco. Sólo quieren continuar haciendo algunas cosas bien hasta que la puerta se cierre detrás de ellos.

Acaso, ¿estoy siendo demasiado fuerte o crítico de los pastores? Yo no lo creo. Cuando me ha tocado decirles lo que yo veo, casi todos terminan agradeciéndome por recordarles por qué decidieron entrar al ministerio en primer lugar. A medida que converso con ellos, pueden ver cómo se deslizaron poco a poco de la pasión a la pasividad y se sienten listos para cambiar la trayectoria de su liderazgo. Saben que fueron llamados a ser leones, no gatos domesticados.

## EL RUGIDO DE UN LEÓN

He tenido el privilegio de conocer a varios líderes distinguidos y quiero compartirte mi lista de algunas características que ellos comúnmente poseen:

- » Tienen un alto límite de riesgo. No tienen miedo a fracasar y no se toman el fracaso personal. Esto les da suficiente espacio para experimentar y ser honestos con los resultados.
- » Celebran y aplauden a los miembros de su equipo quienes comparten un alto límite de riesgo. No insisten en ser los únicos con buenas ideas.
- » Están listos y dispuestos a absorber las buenas ideas y la retroalimentación de otros líderes distinguidos, por lo tanto, siempre están creciendo y aprendiendo. Saben que los líderes fuera de su ecosistema probablemente pueden ver las cosas desde otra perspectiva y son capaces de aprender de esos líderes.
- » Son emocional y psicológicamente seguros y estables. Su intensidad no es mal aplicada en condenar a quienes han fracasado y no se ilusionan con premios y elogios.
- » Consideran que el fracaso es parte del aprendizaje, no un cataclismo.
- » Saben aceptar la desilusión, la confusión y la resistencia u oposición sin reaccionar exageradamente.
- » Saben que el ministerio significativo se construye sobre un firme fundamento de confianza, el cual es creado por una larga historia de relaciones honestas y afirmativas y un récord de tomar decisiones sabias.

Hace poco tiempo, hice un amigo que es uno de los mejores líderes que he conocido. Él compartió conmigo algunos elementos de una nueva visión, pero pude discernir que algo le molestaba. Le pregunté, "¿Cuál es el problema? ¿Cuál es tu miedo?".

Me miró y me respondió, "Sam, tengo miedo de desanimarme por mi milésimo fracaso".

Es un líder a quién el fracaso no lo toma por sorpresa. Por supuesto, procura ser lo más sabio posible, para evitar el fracaso lo mejor posible, pero el riesgo de fracasar es parte del gran emprendimiento. Su comentario me reveló que él estaba contemplando el límite de su capacidad de riesgo. ¿Bajo qué circunstancias llegaría a su límite y se rendiría? Si su límite era cinco mil fracasos, ¡todavía tenía para rato!

---

**PARA GUIAR hacia y a través del caos, los líderes necesitan hacer depósitos diarios en el capital relacional.**

---

A veces el liderazgo es solitario, pero un líder nunca está solo en la visión. Para guiar hacia el caos y atravesarlo, los líderes necesitan hacer depósitos diarios en el capital relacional. Como hemos visto, este tipo de depósitos no se da en las reuniones del consejo o del equipo de liderazgo; ocurren en los tiempos que todos están relajados y cuando el líder es honesto y vulnerable. Si no tienes suficientes depósitos que fortalezcan la conexión y la confianza, las reuniones se harán más tensas, mundanas y a veces contenciosas. Patrick Lencioni ha escrito sobre la necesidad de líderes que construyan y fortalezcan la confianza. Él dijo, "La gente está dispuesta a caminar por fuego por un líder que es verdadero y humano". La confianza es el ingrediente más esencial para cualquier equipo. Lencioni menciona que una cultura de confianza tiene repercusiones positivas:

*"El impacto de la salud organizativa va mucho más allá de las cuatro paredes de una empresa extendiéndose a los clientes y vendedores, incluso a las esposas e hijos. Es lo que motiva a la gente a ir a trabajar cada mañana con claridad, esperanza, y anticipación y lo que los acompaña a sus casas por la tarde con un sentido mayor de cumplimiento, contribución y autoestima. El impacto de esto es tan importante como es imposible de medir"*.[18]

## ANTICIPANDO EL CAMBIO

Los líderes saben que la gente no ve las cosas con la misma claridad que ellos las ven. Esa es la naturaleza del liderazgo, no es un defecto de los seguidores. De hecho, la mayoría de los miembros de equipo se emocionan cuando se les presenta una visión grande... hasta que se dan cuenta lo que requiere de ellos. Puede que necesiten cambiar de rol o horario, y puede que necesiten desarrollar nuevas aptitudes o habilidades. Al darse cuenta de lo que les costará, comienzan a resistirse u oponerse a la idea. El líder es el único que puede ver el cuadro completo, y aún así, hay partes que se hacen más claras con el tiempo. El líder tiene una visión audaz, pero no es razonable esperar que otros puedan verlo con claridad al instante, y, de hecho, es ilógico tener la expectativa que el líder pueda explicarlo desde el principio. La mayoría de (si no todos) los líderes son intuitivos. ¡Esto provoca emoción en muchos a su alrededor, pero en otros, causa confusión y terror!

Un concepto que puede ayudar a anticipar cuando un cambio es necesario es la curva sigmoidea. Prácticamente todas las organizaciones siguen un trayecto similar de arranque acompañado por dificultades, luego un crecimiento significativo, seguido por un

---

[18] Patrick Lencioni, The Advantage: Why Organizational Health Trumps Everything Else In Business [La ventaja: Por qué el bienestar organizacional supera a todo lo demás en los negocios] (Hoboken, NJ: John Wiley & Sons, 2016), 193.

estancamiento y un declive al final. Los mejores líderes, y los más brillantes, saben anticipar la necesidad de renovar o recargar la visión antes de que llegue a un estancamiento, introduciendo nuevas ideas y nuevas fuentes de energía para impulsarlos hacia un nuevo curso ascendiente.

Para que un líder pueda cambiar de marcha y cambiar de dirección cuando todo está avanzando bien en la etapa de crecimiento requiere cierta anticipación y un valor enorme. La gente se sorprende y pregunta, "¿Por qué comenzar algo nuevo? ¡Nos está yendo súper bien!". Pero el líder sabio sabe que la organización necesita una dosis de energía fresca *antes* de que comience a estancarse. Si el líder espera a que la etapa de estancamiento comience, requerirá mucho más esfuerzo para poder cambiar el curso y seguir creciendo. Y si el líder espera hasta el declive, quizás para entonces ya no tenga el trabajo y la capacidad de corregir el rumbo.

---

**PARA QUE** un líder pueda cambiar de marcha y cambiar de dirección cuando todo está avanzando bien en la etapa de crecimiento requiere cierta anticipación y un valor enorme

---

A lo largo de los años, he descubierto que el concepto de la curva sigmoidea es increíblemente útil. Advierte al líder de no ser complaciente, y lo insta a liderar con valor en vez de seguir avanzando sin esfuerzo. Muchas personas se preguntarán qué ocurre, por lo tanto, es importante compartir el concepto de la curva y el razonamiento de lanzar o comunicar una nueva visión.

Cuando un pastor comunica una visión audaz, usualmente galvaniza el compromiso del consejo, el equipo, los voluntarios y toda persona que la escuche. Entre la emoción y el temor a lo desconocido, la gente se despierta, adopta una nueva postura y se pone de pie para unirse. Un plan bien articulado con claridad y lleno de propósito le brinda a la gente confianza y seguridad y se dan cuenta que ellos también pueden formar parte de algo mucho más grande. Puede ser un nuevo programa, un nuevo edificio, nuevas sedes, un método de comunicación nuevo, un nuevo plan de alcance, o algo más que capte la atención y los corazones de la gente. Pero la visión galvanizadora no puede ser una de estas cosas.

Durante la pandemia, personas de diferentes niveles se preguntaban cómo reaccionar –abrir o cerrar, exigir mascarillas o no, y qué significaba ser creyente en medio de una plaga—. Algunos pastores anticiparon la confusión anunciando que sus iglesias estarían cerradas por seis meses y que luego reevaluarían la situación. Se dieron cuenta que de repente, el paisaje fijo se había convertido en un panorama inestable. Mientras tanto, invirtieron su energía en servicios en línea y animaban a sus líderes de grupos y equipos a que se mantuvieran en contacto con su gente por medio de las redes sociales y reuniones videoconferencia. Esta estrategia removió el peso grande de tener que tomar decisiones cada semana y permitió que los pastores y líderes de apoyo puedan ser creativos en cómo continuar la misión utilizando diferentes tácticas. En vez de estar confundidos y frustrados cada semana, teniendo que tomar decisiones difíciles, podían explorar diferentes formas de ministerio que nunca antes habían considerado.

El edificio dejó de ser el centro del ministerio; ahora, prácticamente todo era en línea. Pero a su vez, esto trajo una variedad de preguntas, tales como: ¿cuál es la manera más efectiva de usar el equipo de alabanza y adoración? ¿Cómo podemos lograr que la gente se conecte con el mensaje de una manera más poderosa? ¿Cómo enviarían las personas sus ofrendas? ¿Cómo pueden los ministerios de niños y jóvenes ser efectivos? Surgieron muchas preguntas nuevas, se exigieron nuevas respuestas y muchos recursos tuvieron que ser readaptados. Estos pastores tuvieron que enfrentar mucha presión, pero no de sus congregaciones si no de otros pastores quienes los criticaban por no mantener sus puertas abiertas y rendirse e inclinarse a la pandemia. Pero estos pastores articularon claramente la razón y los beneficios de sus decisiones, y sus congregaciones se sintieron cuidadas, amadas y bien guiadas.

## EL MEDIO TURBIO

No importa cuán claro sea el líder en su comunicación de la nueva y fresca visión, muchas personas necesitarán tiempo, paciencia, y repetición para poder asemejarla. A veces, cuando me reúno con equipo de liderazgo que están tratando de captar y comprender la nueva visión de su pastor, les digo, "Les quiero dar un vocabulario para el cambio, y quiero prepararlos y advertirles qué les espera. En diferentes puntos, van a sentirse confundidos y hasta quizás abrumados. Necesitan saber que habrá momentos en los que se sentirán así, y cuando acontezca, acéptenlo sin molestarse ni culpar a otras personas. En cada fuerte iniciativa, el entusiasmo inicial inevitablemente se transfiere a una temporada de trabajo monótono e incertidumbre. A esto yo lo llamo "el medio turbio". Si lo esperas, entonces podrás aceptarlo como parte del proceso". Esta conversación breve, pero sumamente importante, reorienta sus expectativas y les enseña qué hacer con sus reacciones no tan positivas cuando su pasión comienza a disminuir, cuando sus responsabilidades se multiplican y cuando se sienten frustrados con el pastor y otras personas en el equipo. En vez de enfadarse, quejarse y culpar a otros, pueden atravesar el medio turbio animándose entre ellos y creando confianza en vez de desgastarla.

Jesús conocía el comienzo y el final de su misión. Estoy convencido de que una de sus mayores frustraciones era que sus discípulos no lograban asimilar que su propósito era el verdadero sacrificio final por el pecado del mundo, a pesar que se los dijo una y otra vez. Un pasaje bíblico en particular muestra la gloria y la agonía. Jesús llevó a los discípulos al norte del Mar de Galilea a Casarea de Filipo cerca del monte Hermón. Él les preguntó, ""¿Quién dice la gente que es el Hijo del hombre?"

*"Ellos dijeron: Unos, Juan el Bautista; otros, Elías; y otros, Jeremías, o alguno de los profetas. Él les dijo: Y vosotros, ¿quién decís que soy yo? Respondiendo Simón Pedro, dijo: Tú eres el Cristo, el Hijo del Dios viviente. Entonces le respondió Jesús: Bienaventurado eres, Simón, hijo de Jonás, porque no te lo reveló carne ni sangre, sino mi Padre que está en los cielos. Y yo también te*

digo, que tú eres Pedro, y sobre esta roca edificaré mi iglesia; y las puertas del Hades no prevalecerán contra ella. Y a ti te daré las llaves del reino de los cielos; y todo lo que atares en la tierra será atado en los cielos; y todo lo que desatares en la tierra será desatado en los cielos." (Mateo 16:13-19).

¡Por fin, Pedro por lo menos parecía haber entendido! Pero no tan rápido. En la próxima escena, Jesús les explica que iría a Jerusalén y que sería traicionado y moriría, pero que resucitaría al tercer día. Pedro estaba seguro que Jesús era el Mesías porque los Judíos esperaban que el Mesías fuera un líder militar o político, igual que el rey David, para expulsar a los romanos de Palestina y reestablecer el Reino de Dios. Por lo tanto, un Mesías muerto no tenía nada de sentido para Pedro, así que llevó a Jesús a lado y le dijo, "Señor, ten compasión de ti; en ninguna manera esto te acontezca".

Jesús ni parpadeó. Le respondió a Pedro, "¡Quítate de delante de mí, Satanás!; me eres tropiezo, porque no pones la mira en las cosas de Dios, sino en las de los hombres".

Parece que el resto de los discípulos escucharon la conversación porque Jesús se dirigió a ellos para redefinir sus expectativas. Puede que ellos quisieran que Él fuera el guerrero victorioso, pero su Reino sería establecido a través de sacrificio y sufrimiento, no espada. Puedo imaginarme cuán pasmados habrán quedado cuando Él les explicó:

"Si alguno quiere venir en pos de mí, niéguese a sí mismo, y tome su cruz, y sígame. Porque todo el que quiera salvar su vida, la perderá; y todo el que pierda su vida por causa de mí, la hallará. Porque ¿qué aprovechará al hombre, si ganare todo el mundo, y perdiere su alma? ¿O qué recompensa dará el hombre por su alma? Porque el Hijo del Hombre vendrá en la gloria de su

Padre con sus ángeles, y entonces pagará a cada uno conforme a sus obras." (v. 24-27).

¿Será que allí finalmente lo entendieron? No, ni siquiera un poco. En la noche de la Santa Cena, Jesús les sirvió pan y vino. Quizás se hayan preguntado dónde estaba el plato de cordero. El cordero no estaba *sobre* la mesa porque el Cordero estaba *sentado a la mesa*. Pero aún así, no lograban entender. Lucas relata que inmediatamente después de la Santa Cena, los discípulos discutieron sobre quién de ellos era el más grande. Yo creo que todavía creían que Jesús iba a ser inaugurado como el rey conquistador el día siguiente, y estaban compitiendo por un puesto en su gabinete.

---

**LA HISTORIA** de los discípulos es una versión ampliada de lo que los líderes viven en una escala menor: tratamos de explicar a la gente lo que Dios nos guía a hacer, y proveemos los detalles que podemos los más pronto posible, pero algunas personas simplemente no entienden.

---

Los discípulos tenían un cuadro fijo de lo que *pasaría* y lo que *debía* pasar, y simplemente no podían asimilar la realidad diferente que Jesús les había explicado. Esta historia es una versión ampliada de lo que los líderes viven en una escala menor: tratamos de explicar a la gente lo que Dios nos guía a hacer, y proveemos los detalles que podemos los más pronto posible, pero algunas personas simplemente no entienden. Si los discípulos pasaron tres años, día y noche, junto a Jesús, y aún así no entendían, nosotros podemos ser un poco más pacientes con las personas en nuestro equipo que son lentos en entender y unirse al esfuerzo.

Ojalá yo hubiera entendido esta declaración hace años: el hecho que veas la visión no significa que puedes articularla y exponerla con claridad. E incluso cuando puedes articularla y exponerla, no significa que la gente la asimilará. En cada nivel de liderazgo, podemos encontrar una "brecha de sabiduría". El pastor ve la visión con la mayor claridad, el equipo ejecutivo (o algo equivalente en las iglesias más pequeñas) no logra verlo tan claramente, y la gente que se reporta a ellos lo ven aún más borroso. Estas brechas continúan hacia abajo en los diferentes niveles de la organización y los diferentes equipos de voluntarios y grupos pequeños, hasta los participantes y hasta el visitante más reciente. Desafortunadamente, he visto que en muchas clases para miembros nuevos, el objetivo es darle la bienvenida a la persona al zoológico interactivo, y asegurarle que todos son personas buenas e inofensivas. Si alguna persona ha sufrido algún tipo de abuso de parte de alguna figura de autoridad, puede que ese sea el mensaje necesario, pero yo creo que en realidad terminamos atenuando el entusiasmo de la persona nueva cuando fallamos en impartirles una visión grande de la iglesia.

Cuando se habla de cerrar la brecha ¿qué significa eso prácticamente? Un pastor comparte la visión estratégica, el "qué", el "por qué", con el equipo ejecutivo; pero muy a menudo terminan inclinándose más hacia la implementación táctica y terminan preguntando ¿quién?, ¿cuándo?, ¿dónde?, ¿cómo? y ¿cuánto? A continuación, es crucial minimizar la brecha en el nivel superior, entre el pastor y el equipo ejecutivo, para que puedan comenzar a asimilar y compartir la visión estratégica con sus equipos y sucesivamente en el resto de la organización. En otras palabras, primero y principalmente enfócate en el qué y el por qué, prevéeles un lenguaje, para que puedan repetirlo a sus equipos. Para cuando la visión llega al final del organigrama, llegará en la forma de tácticas. Por eso es tan importante que el pastor comunique regularmente –y hasta excesivamente— la visión en cada servicio y en cada reunión de junta y equipos de liderazgo. Como observó el pastor Andy Stanley, "la visión gotea". Hay que seguir vertiéndola para reabastecer lo que se ha escapado.

Permíteme hacer dos comentarios más: Primero, durante el proceso de compartir la visión estratégica y ayudar al consejo y al equipo asimilarla y formular un plan táctico, busca las personas que demuestren un razonamiento y forma de pensar estratégicos. Probablemente ya tengas una o dos personas que tienen el potencial de liderazgo, de desarrollar sus capacidades y habilidades, y llegar a ser más que administradores. Identifícalas, reafírmalas, y ayúdalas a desarrollar esta cualidad. Y segundo, algunas personas pueden sentirse algo confundidas, o hasta alarmadas, de que comparo los líderes a leones. Quiero recordarles a esas personas que Jesús es el Cordero de Dios y el León de Judá; no es uno o el otro sino ambos.

> **JESÚS ES el Cordero de Dios y el León de Judá; no es uno o el otro sino ambos.**

Si no aceptamos ambos lados del carácter de Jesús –su poder ilimitado y su amor ilimitado—, entonces tenemos un concepto limitado y distorsionado de Él. Hace unos años, Thomas Howard escribió un libro titulado "Cristo el tigre". Y el título fue tomado de un poema escrito por T.S. Eliot. El libro es un relato autobiográfico de su intento de poseer ambas características, el poder asombroso de Cristo y su amor ilimitado, al mismo tiempo. Si vemos a Cristo únicamente como el Creador poderoso que vendrá a juzgarnos, nos sentiremos aterrados por Él, y si vemos únicamente su amor, nuestra fe será probablemente sentimental pero no dinámica. Contemplar ambos, el León y el Cordero, expande nuestra fe, hace nuestra adoración más profunda y nos lleva a un compromiso más radical con Cristo.[19]

## QUIZÁS, PUEDE SER

Afortunadamente, hay muchos ejemplos de líderes que vieron una necesidad y se arriesgaron para suplirla. Esos líderes me recuerdan a Jonatán, el hijo del rey Saúl, cuando el ejército estaba siendo atacado por los filisteos en 1 Samuel 14:1-20. Saúl tenía graves problemas. Muchos de sus hombres habían abandonado y los que quedaban estaban escasos de armaduras y armas. Únicamente Saúl y Jonatán tenían espadas en sus manos con qué pelear. El joven y su escudero vieron un grupo de filisteos que se había separado. Estaban solos, pero Jonatán le dijo a su escudero, "Ven, vamos a pasar a la guarnición de estos incircuncisos, y espero que el Señor nos ayude. Para él no es difícil vencer al enemigo con muchos hombres o con pocos" (v. 6). Audazmente atacaron y mataron a veinte soldados y Dios premió su valor con un temblor. Los filisteos huyeron en pánico (v. 15). Saúl reunió a sus hombres para que se unieran a la batalla y los filisteos fueron derrotados. Siempre me ha sorprendido el valor atrevido de Jonatán. No tenía ninguna promesa o garantía de éxito, únicamente un "quizás", pero eso era suficiente para impulsarlo hacia adelante.

Hoy en día se pueden hallar líderes con el mismo espíritu valiente que tuvo Jonatán. Craig Goeschel fue uno de los primeros pastores que lanzó un servicio en línea. Invirtió en el equipo y el personal

---

19 Thomas Howard, *Christ the Tiger* [Cristo el tigre] (Eugene, Oregon: Wipf & Stock, 2004).

que necesitaba para realizarlo, sin saber si funcionaría. Él cambió el método de entrega de la iglesia.

Vashti Murphy McKenzie fue la primera mujer elegida como obispa de la iglesia Metodista Episcopal Africana y actualmente proporciona liderazgo a más de doscientas iglesias. Ella fue asignada por el presidente Obama a servir en el consejo consultor presidencial de organizaciones basadas en la fe y asociaciones vecinales de la Casa Blanca. Ella es autora de cinco libros y en el año 2015, fue nombrada entre las cincuenta mujeres líderes religiosas más poderosas en el mundo.

Christine Caine y su esposo Nick vieron la gravedad del tráfico de personas, pero ofrecieron mucho más que simples oraciones. Lanzaron la Campaña A21, la cual ganó el premio memorial de Madre Teresa de Calcuta por proteger a las mujeres refugiadas y evitar que sean objeto de trata.

Ron Kenoly revolucionó la música de adoración. Como artista y visionario, entrena y asesora a líderes de alabanza y adoración alrededor del mundo. Su influencia moldeó en gran parte la música de alabanza y adoración moderna, incluyendo a Hillsong, Elevation Worship y Maverick City.

Cuando Tony Evans era estudiante en el seminario teológico de Dallas, un productor de una radio en Houston contactó a su profesor para preguntar si podía predicar en su programa. El profesor le recomendó a Tony, y fue así como su carrera en la radio comenzó. Diez años después, Evans se había convertido en un predicador popular, y la gente comenzó a solicitar copias de sus predicaciones. Para entonces, él comenzó "The Urban Alternative" [El alternativo urbano], un programa de radio que es transmitido a millones de personas de ciento treinta diferentes países.

Roselen Boerner Faccio llegó a tener un impacto asombroso para Cristo al tomar una ruta tortuosa. De origen italiano, ella estudió para ser monja, pero dejó la iglesia católica y comenzó una iglesia independiente en Milán. Como dos décadas después, hoy, la iglesia Sabaoth es la congregación más grande de la ciudad. Pero Roselen no había terminado aún. Ella ha plantado cincuenta y cuatro iglesias en Italia, Alemania, España, Brasil y otros países. Su organización, Hanger 24, es una escuela de entrenamiento para misioneros, y sus programas de alcance y extensión son innovadores e incluyen hasta teatro de calle.

Bill Hornsby fue uno de los fundadores de ARC (la asociación de iglesias relacionadas), la cual ha llegado a ser una de las organizaciones más efectivas en la plantación de iglesias. Él cambió la forma en que las iglesias son plantadas.

Kathleen Cooke fue la cofundadora de "The Influence Lab" [el laboratorio de influencia] el cual equipa y ofrece mentoría a las mujeres en el entretenimiento y los medios, pero no pasa la mayor parte de su tiempo con celebridades. Su corazón es lo suficientemente grande para formar parte del consejo nacional del Salvation Army; atiende y cuida de los vagabundos que tienen un futuro prometedor.

Chadwick S. Mohan es el pastor de Vida Nueva Asamblea de Dios en Chennai, India y es instrumental en la plantación de iglesias en su país. Forma parte del consejo del Proyecto Rescate una red multinacional sin fines de lucro creada con el fin de ayudar a las mujeres sexualmente abusadas a escapar, a encontrar dignidad y sanar.

Chris Hodges desarrolló uno de los currículos más poderosos de discipulado muy utilizado por las iglesias llamado "Growth Track" [Senda de crecimiento]. Él cambió la manera en que hacemos discípulos.

Conozco muchos pastores que han demostrado la misma medida de creatividad, valor, y fe en marcar la diferencia en el mundo, independientemente del tamaño de su iglesia o su ubicación. Han aprendido a inyectar suficiente visión en su gente, pero no tanta que se ahoguen. Ellos están marcando la diferencia fuera de las cuatro paredes de sus iglesias, están alcanzando a la gente que quizás nunca pisaría una iglesia, a menos que alguien vaya personalmente a ellos, están proveyendo los recursos necesarios para los perdidos y los necesitados, y siendo una luz brillante en una comunidad oscura.

Es muy posible tener una visión fuerte y audaz, pero no saber comunicarla eficientemente. Génesis 37:3 cuenta que José era el hijo favorito de Jacobo, y sus otros hijos lo sabían bien. Él tuvo dos sueños del futuro de su familia y su rol en la historia, pero tendría que haber guardado silencio. Cuando él se lo contó a sus padres y sus hermanos, terminó siendo el mensaje incorrecto para la audiencia incorrecta. En su primer sueño, sus hermanos se postraban antes él y al escuchar esto ellos dijeron: "¿Reinarás tú sobre nosotros, o señorearás sobre nosotros?" (v. 8). Y lo aborrecieron mucho más. En su segundo sueño, también sus padres se postraban ante él. Su padre, Jacobo, al igual que sus hermanos, se disgustó también diciendo: "¿Qué sueño es este que soñaste? ¿Acaso vendremos yo y tu madre y tus hermanos a postrarnos en tierra ante ti?" (v. 10).

Sus hermanos no dejaron pasar mucho tiempo antes de poner a José en su lugar –un lugar profundo y oscuro—. Lo vendieron a una caravana pasajera como esclavo. Sí, Dios tenía un plan para el joven que fue cumplido en su tiempo en Egipto, pero no podemos descartar la falta de sensibilidad y la inmadurez de su juventud.

Los líderes necesitan entender la diferencia y la relación entre *cronos* y *kairos*: *cronos* es tiempo –secuencial, y requiere el uso de un reloj y calendario—, mientras que *kairos* es sincronización –ajustar el mensaje adecuado a las personas correctas—. Necesitamos traer a las personas con nosotros, empujándolos y jalándolos lo suficiente para avanzar y lograr progreso, sin ir demasiado lento o demasiado rápido. Necesitamos ser comunicadores claros.

No seas demasiado lento, y no vayas con prisa. No supongas que tu cuenta de confianza está llena; haz depósitos antes de compartir tu corazón y tu visión. Un granjero no planta una semilla sin primero preparar la tierra. Luego de arar la tierra, planta semillas para garantizar una máxima germinación y crecimiento. Las metáforas en las Escrituras sobre el liderazgo son principalmente sobre la agricultura y el pastoreo. Ambos requieren orientación futura, paciencia y persistencia. La comunicación o presentación de la visión es un arte que todo líder necesita desarrollar. Como hemos visto, las historias son esenciales. Ayudan a estimular la imaginación y brindan una imagen o un cuadro mental de lo que *ha pasado,* para que puedan hacer la conexión con la visión de lo que *puede llegar a pasar.*

Cuando los líderes lideran, Dios obra, y el mundo cambia.

---

**CUANDO los líderes lideran, Dios obra, y el mundo cambia.**

---

*"Un verdadero pastor abre el camino, no sólo señala el camino".*
–Leonard Ravenhill

## CONSIDERA LAS SIGUIENTES PREGUNTAS:

1) ¿Piensas que la analogía del zoológico interactivo es demasiado fuerte? ¿Por qué?

2) ¿Cómo describirían las personas que te conocen bien tu límite de riesgo? ¿Estás de acuerdo con esa evaluación?
3) ¿Cómo reaccionas al fracaso usualmente? ¿Cuál sería una reacción más saludable?
4) Explica en tus propias palabras el concepto de la curva sigmoidea en relación a la comunicación o presentación de la visión. ¿Lanzar una nueva iniciativa durante un tiempo de crecimiento te parece algo raro o sabio? Explica tu respuesta.
5) Describe la "brecha de sabiduría" en los niveles de liderazgo en tu iglesia. ¿Cómo se podría cerrar la brecha en la parte superior? ¿Cómo te ayudaría el cierre de la brecha a enlistar a las personas de tu equipo como portadores de la visión y a liderar más efectivamente?
6) ¿Ha puesto Dios un "quizás" en tu corazón? Si lo ha hecho, ¿qué es? Si no lo ha hecho, ¿quieres uno?

## CAPÍTULO 5
# UNA COSA ES SEGURA

"Dios usa las cosas rotas. Se necesita grietas en la tierra para producir una cosecha, nubes dispersas para producir la lluvia, granos rotos para dar pan, pan partido para dar fuerza. Fue del alabastro roto que se vertió el perfume. Es Pedro, llorando amargadamente, quien experimentó luego un mayor poder."

–Vance Havner

El actor Liam Neeson ha hecho cuatro películas tituladas *Venganza* [Taken]. En la primera película de la serie, su personaje, Bryan Mills, es un agente de la CIA retirado quien ama profundamente a su hija, Kim. Él decidió dejar su trabajo en la agencia para estar más cerca de su hija en California, quien vive con su madre y su padrastro rico. Kim y su amiga Amanda quieren hacer un viaje a París, y Kim convence a su madre y a su padrastro que todo estará bien. Sin embargo, a Mill no le convence la idea. Al aterrizar en el aeropuerto de Charles de Gaulle, ellas toman un taxi a su hotel en París y comparten el taxi con un extraño, y Amanda menciona impulsivamente que están solas en la ciudad. Cuando llegan a su destino, el extraño pasa la información a un grupo de delincuentes albaneses que son traficantes de seres humanos. Tan sólo unos cuantos minutos entrados en la película, los albaneses entran en el apartamento de las chicas, agarran a Amanda, pero Kim corre y se esconde debajo de una cama. Frenéticamente llama a su padre. Con una claridad mental y un control emocional admirables, su padre le dice, "Van a secuestrarte". No le dijo *"todo va a estar bien. No te preocupes"*. Ni tampoco le dijo *"¡Es el fin del mundo!"*. Él le dio a su hija la expectativa realista de que no podía evitar ser secuestrada. Era una verdad difícil, pero necesaria.

¿Qué tiene que ver esta escena con liderar a la gente a través del caos? ¡Tiene mucho que ver! Como líderes, estamos en la misma posición que Bryan Mills. Es nuestra responsabilidad comunicar expectativas claras y realistas, para que la realidad no tome a la gente por sorpresa. ¿Existe la posibilidad de que el realismo duro sea desalentador? Eso depende. Una de las formas de pensar en algunas iglesias gira en torno al triunfalismo, la creencia que Dios nos llevará de gloria en gloria en la vida diaria —que Él arreglará todos los problemas y proveerá todos los recursos necesarios—. Suena increíble, ¿verdad? Pero va en contra de las Escrituras y pone muchas de las promesas de Dios en la categoría de *hecho* en vez de *aún no*. Ciertamente, Dios nos ha dado promesas preciosas y magníficas, pero algunas se aplican al día cuando no habrá más maldad ni tristeza; los cielos y tierra nuevos.

Al sacarnos los lentes que impiden que veamos la difícil realidad frente a nosotros, logramos tener una perspectiva más realista de la vida cristiana. Jesús muy a menudo llamaba a las personas a su alrededor a seguirlo. ¿A dónde los llevaba su camino? A ser malentendidos, a la resistencia, al escarnio, a la traición, tortura e incluso a la muerte. Si lo seguimos, es de esperar que enfrentaremos angustia y oposición. Cuando nuestras expectativas son poco realistas, no sabremos responder adecuadamente cuando lleguen las pruebas. Sí, "van a secuestrarte". En diferentes momentos de nuestro liderazgo, seremos atacados, sufriremos y hasta nos sentiremos solos.

---

**CUANDO nuestras expectativas son poco realistas, no sabremos responder adecuadamente cuando lleguen las pruebas.**

---

Nos encanta leer la primera parte de Hebreos 11 sobre los milagros que Dios hizo con Enoc, Noé y Abraham. Pero es importante observar que ¡Dios tuvo que intervenir para rescatarlos de situaciones graves! El escrito nos cuenta:

*"Conforme a la fe murieron todos estos sin haber recibido lo prometido, sino mirándolo de lejos, y creyéndolo, y saludándolo, y confesando que eran extranjeros y peregrinos sobre la tierra. Porque los que esto dicen, claramente dan a entender que buscan una patria; pues si hubiesen estado pensando en aquella de donde salieron, ciertamente tenían tiempo de volver. Pero anhelaban una mejor, esto es, celestial; por lo cual Dios no se avergüenza de llamarse Dios de ellos; porque les ha preparado una ciudad."* (Hebreos 11:13-16).

El escritor procede a darnos una lista de las intervenciones milagrosas de Dios en la vida de Abraham (nuevamente), Isaac, Jacob, José y Moisés. Las historias parecieran ser infinitas, porque el escrito escribe:

*"¿Y qué más digo? Porque el tiempo me faltaría contando de Gedeón, de Barac, de Sansón, de Jefté, de David, así como de Samuel y de los profetas; que por fe conquistaron reinos, hicieron justicia, alcanzaron promesas, taparon bocas de leones, apagaron fuegos impetuosos, evitaron filo de espada, sacaron fuerzas de debilidad, se hicieron fuertes en batallas, pusieron en fuga ejércitos extranjeros. Las mujeres recibieron sus muertos mediante resurrección...".* (v. 32-35a).

Al leer esto gritamos, "¡De eso hablemos más! ¡Cuenta conmigo!". Pero el escrito no ha terminado aún:

*"...mas otros fueron atormentados, no aceptando el rescate, a fin de obtener mejor resurrección. Otros experimentaron vituperios y azotes, y a más de esto prisiones y cárceles. Fueron apedreados, aserrados, puestos a prueba, muertos a filo de espada; anduvieron de acá para allá cubiertos de pieles de ovejas y de*

*cabras, pobres, angustiados, maltratados; de los cuales el mundo no era digno; errando por los desiertos, por los montes, por las cuevas y por las cavernas de la tierra. Y todos estos, aunque alcanzaron buen testimonio mediante la fe, no recibieron lo prometido; proveyendo Dios alguna cosa mejor para nosotros, para que no fuesen ellos perfeccionados aparte de nosotros"* (v. 35b-40).

De hecho, Dios tiende a obrar más poderosamente durante los tiempos difíciles, y los propósitos avanzan cuando su pueblo sufre —sumamente en Jesús, pero también cuando los creyentes son fuertes en la gracia de Dios en la adversidad y la oposición—. Uno de los famosos padres de la iglesia, Tertulliano, lo dijo sucintamente, "Sangre de mártires, semilla de cristianos".[20] Esto fue escrito en el segundo siglo durante la persecución severa de las autoridades romanas.

Jesús prometió paz, pero prometió paz *en medio de las dificultades*, no un escape de las tales (Juan 14:27), y Él les advirtió a sus seguidores,
*"No temáis a los que matan el cuerpo, y después nada más pueden hacer. Pero os enseñaré a quién debéis temer: Temed a aquel que después de haber quitado la vida, tiene poder de echar en el infierno; sí, os digo, a este temed. ¿No se venden cinco pajarillos por dos cuartos? Con todo, ni uno de ellos está olvidado delante de Dios. Pues aun los cabellos de vuestra cabeza están todos contados. No temáis, pues; más valéis vosotros que muchos pajarillos... Cuando os trajeren a las sinagogas, y ante los magistrados y las autoridades, no os preocupéis por cómo o qué habréis de responder, o qué habréis de decir; porque el Espíritu Santo os enseñará en la misma hora lo que debáis decir."*
(Lucas 12:4-7, 11-12).

---

20 Tertullian, *Apologeticus*, L. 13.

Si la oposición únicamente viniera de afuera de la iglesia, sería mucho más fácil de manejar. Duele más cuando las personas en quienes confiamos son las que nos traicionan. David se quejó diciendo, "Aun el hombre de mi paz, en quien yo confiaba, el que de mi pan comía, alzó contra mí el calcañar." (Salmo 41:9). Y Jesús usó el mismo pasaje en referencia a la traición de Judas, pero excluyó la frase "en quien yo confiaba" (Juan 13:18).

Por lo tanto, no te sorprendas cuando experimentas caos en tu vida. "Vas a ser secuestrado".

> **POR LO** tanto, no te sorprendas cuando experimentas caos en tu vida. "Vas a ser secuestrado".

## TEMPORADAS PREDECIBLES

En las últimas décadas, al consultar con pastores, he notado un patrón de caos. El más frecuente y común, y el más significativo, incluye:

**La sucesión y la transición de un pastor**

La sucesión y la transición en el liderazgo se basan en la pérdida tanto como en la ganancia. La confianza y el afecto que han sido creados a lo largo de los años dan paso a la incertidumbre y ansiedad. Las personas que forman parte del equipo de liderazgo no pueden evitar pensar en cómo se verán afectados dentro y fuera de la iglesia, y las personas de influencia en la iglesia sienten cierta desconfianza hacia el nuevo líder asumiendo una actitud de "ya verás". El pastor que sale puede preparar a la gente para el cambio y así suavizar la transición, pero aún así, cierta medida de interrupción es inevitable. Cuando formé parte de "Expand Consulting Partners", [una empresa de consultores profesionales] escribí un libro con el fin de ayudar a las iglesias a navegar las aguas turbulentas de la sucesión y la transición. Quiero compartirte un fragmento de dicho libro:

*"Las transiciones se dan por diseño o por defecto. Desafortunadamente, hemos observado que por lo menos el noventa por ciento de las transiciones pastorales ocurren por defecto. No hay ningún plan para facilitar o acomodar la sucesión o la transición. Un pastor anuncia su retiro, fallece, revela una falla moral o experimenta un evento catastrófico, y a continuación el consejo busca con dificultad su reemplazo. Debido a la urgencia del asunto y la presión del tiempo, el consejo se apresura a tomar una decisión siendo el tiempo el factor primordial a la hora de contratar, en vez de tomarse el tiempo para ver si el candidato es verdaderamente el apropiado. Se piensa muy poco en este proceso por adelantado, a pesar de que tiene un impacto crucial en el estancamiento del crecimiento de la iglesia. De hecho, muy pocas ordenanzas abordan la sucesión y la transición de manera significativa.*

*Para tener un plan predeterminado se necesitan los siguientes factores:*

1) *Un pastor orientado hacia el futuro.*
2) *Un consejo de iglesia orientado al futuro.*
3) *Una iglesia que no es impulsada por las personalidades.*
4) *Una cultura organizacional saludable.*
5) *Presupuestar intencionalmente para un futuro.*
6) *Honra al pastor actual.*

*En la misma manera que un avión más grande necesita una pista de aterrizaje más grande, cuanto más grande sea la iglesia, más grande el proceso de asegurar el próximo pastor. Debido a la* falta de inminencia, las resignaciones y los eventos catastróficos, un plazo largo permite que el pastor y la iglesia puedan crear un plan no defensivo y de manera inclusiva. El mejor momento para hablar de algo es cuando no hay nada que defender. El pastor es apreciado. La iglesia es viable. El equipo está funcionando. El Señor está bendiciendo. Es en ese momento de disposición que las conversaciones saludables pueden llevar a un plan predeterminado que puede salvar a la iglesia de un daño innecesario.

"La vida es placentera. La muerte es pacífica," –escribió el novelista Isaac Asimov— "es la transición la que es problemática". Lo mismo se puede decir de la planificación de sucesión. Hay sólo dos maneras de evitar los problemas: la denegación, o renunciar a la tarea. Si ninguno de estos te aplica, entonces significa que estás tratando de descifrar el próximo paso. Es abrumador, especialmente si la tarea urge. Pero insisto: no te des prisa, asegúrate de tener una preparación adecuada."[21]

## Cambios importantes en el equipo de liderazgo

Los cambios significativos de personal tienen repercusiones mucho más allá del equipo en sí. Los seguidores y apoyadores de quienes salen pueden llegar a molestarse y suponer que su amigo y mentor fue obligado a salir. Pueden llegar a creer que la persona, miembro del equipo, fue maltratada, y no se le dio la autoridad o compensación merecida. (Por supuesto, si la persona fue despedida, entonces sus seguidores se sentirán aún más leales y protectores).

Si el reemplazo viene de adentro, puede que haya cierto nivel de confianza ya establecido, pero las personas que no fueron consideradas para la promoción pueden llegar a sentirse celosas y resentidas. Si el reemplazo viene de afuera, la persona nueva tendrá que buscar

---

[21] Samuel R. Chand and Scott Wilson, *Tsunami: Open Secrets to Pastoral Succession & Transition* [*Secretos abiertos a la sucesición y transición pastoral*] (Kudu Publishing, 2022), 18, 32, 85.

la manera de encajar en la cultura del equipo, crear confianza, y convertirse en un aliado. Si el cambio es en el ministerio de jóvenes, puede que la persona que sale haya sido más relacional y la que entra sea más transaccional... o al revés. Puede que el líder de alabanza nuevo tenga un estilo diferente, o que se relacione con los integrantes del equipo de otra manera. El pastor ejecutivo que sale puede haber delegado autoridad, pero el nuevo puede ser más involucrado y controlador. Los ajustes siempre serán necesarios. Nunca será liso como el vidrio.

---

LOS AJUSTES siempre serán necesarios.
Nunca será liso como el vidrio.

---

### Organizando campañas

Las campañas de construcción no se tratan tanto del dinero, ladrillos o acero; se trata de la visión de la gente para el futuro. He escuchado más historias de horror sobre campañas de construcción de las que me conviene recordar. En muchos de los casos, el pastor se apresuró y falló en contar historias para preparar al consejo, las personas de influencia, y a la congregación para generar emoción y que ese entusiasmo provocara un paso audaz hacia la nueva aventura. Sin embargo, la mayoría de los pastores no tienen mucha experiencia en propiedad inmobiliaria y construcción, por lo tanto necesitan depender de los expertos y su consejos en cuanto al plazo, financiamiento, la arquitectura y la construcción.

En la mayoría de las iglesias, el estrés aumenta exponencialmente durante este tipo de campañas. El pastor vive al límite esperando, preguntándose, y orando que las cosas fluyan bien y no sea todo un fracaso. La tensión dentro del equipo de liderazgo aumenta también a medida que se añaden más responsabilidades a sus platos. Las relaciones se desgastan, la confianza se debilita o se hace añicos, y la gran visión se puede convertir en una catástrofe... incluso después de que la obra sea completada.

Mi recomendación a los pastores es que celebren el crecimiento que ven, pero en vez de adelantarse y apresurarse a organizar una campaña de construcción, es mejor buscar otras maneras de aprovechar el crecimiento: como agregar otro servicio, trasmitir el servicio en línea, abrir un anexo, y crear nuevos programas utilizando el espacio que ya tienen. Cuando estas (y otras) opciones se han agotado, y un edificio más grande es absolutamente necesario, es tiempo de comenzar a planificar.

**Desafíos financieros**

Los pastores dependen de que el consejo sea la columna vertebral de la iglesia. Muchos piden que los miembros del consejo sean fieles con sus diezmos y, adicionalmente, que sean generosos y aporten a las misiones y proyectos especiales. Si los miembros del consejo son personas primordialmente de ingresos moderados, esto puede resultar problemático, pero si únicamente las personas ricas son seleccionadas para servir en el consejo, eso también puede crear dificultades en las expectativas del consejo y crear sospecha entre la gente.

Todo tiene un precio: agregar un servicio, agregar un anexo, añadir un programa, tecnología nueva, añadir miembros al equipo, reparaciones al techo... la lista no tiene fin. Sin una visión, el pueblo perece, y sin dinero, no hay visión.

## Reorganización

He llegado a la conclusión que la *reorganización* es una palabra que atemoriza mucho a los pastores y sus equipos, pero regularmente, lo que se necesita es la reorganización. La mayoría de los líderes, cuando observan un vacío que les urge llenar, hacen cambios o modificaciones en los puestos de liderazgo y en las responsabilidades. Pero yo tengo una estrategia diferente: yo recomiendo a los pastores que hagan tres preguntas en la primera semana de cada mes de noviembre:

¿A quién debo *soltar*?

¿A quién necesito *retener*?

¿A quién debo *reasignar* (y reentrenar)?

Es necesario comenzar la conversación con el equipo respecto a estas tres preguntas al comienzo del año, en el mes de enero, para que estén conscientes de cuándo se aproxima la evaluación. Luego, en junio, se necesitan hacer evaluaciones, para que las personas del equipo tengan tiempo de trabajar en las áreas de deficiencia antes del mes de noviembre. ¿Por qué hay que planificar la reorganización para principios de noviembre? Porque puedes soltar a las personas antes de las fiestas y pagarles hasta el fin del año.

Para presentar esto en una escritura, los pastores deberían anunciar a sus equipos en enero, "Voy a comenzar algo nuevo en el mes de noviembre que creo que será de mucha ayuda para que nuestro equipo sea más efectivo. En la primera semana de noviembre, voy a plantear tres preguntas: A quién debo soltar, a quién necesito retener, y a quién debo reasignar. Y mis decisiones se basarán en mis observaciones de ese momento. Quiero que sepan que eso está en mis planes, y yo, o alguien a quien yo asigne, se reunirá con cada uno de ustedes en junio para hacer una evaluación. Esto les dará tiempo para hacer correcciones y mejoramientos antes del mes de noviembre. ¿Tienen alguna pregunta al respecto?".

Las organizaciones son organismos, lo cual significa que no son estáticas. La gente, las situaciones y los planes cambian. No debería sorprendernos que un líder y su equipo necesitan un mecanismo para promover el análisis y la reestructuración en forma más periódica.

Ponlo en tu calendario y hazlo. Si eres reacio a tomar decisiones difíciles respecto a las personas en tu equipo, entiendo completamente. Es agradable poder darle a una persona una promoción, pero puede ser horrible tener que despedir a una persona a quien amas y confías o tener que reasignar a alguien cuyos talentos no son aptos para el aumento de responsabilidades.

Si tienes muchas personas en tu equipo de liderazgo, necesitarás que cada pastor departamental haga estas tres preguntas también y tome las decisiones respectivas. Si no tienes a nadie en tu equipo, pero tienes una iglesia pequeña y tienes voluntarios, puedes hacer las mismas preguntas y tomar decisiones similares, pero probablemente tendrás que reasignar más personas que soltar y despedirlas. Sin embargo, si un voluntario no está haciendo el trabajo y no muestra señales de progreso, y encima de eso demuestra una falta de disposición, es tiempo de tener una conversación honesta con la persona sobre lo que significa caminar con Jesús y ser un sirviente dispuesto y determinado.

Si tomas este consejo, la reorganización pronto se hará parte de la cultura de liderazgo en tu iglesia. Puede que la gente se sienta ofendida o tenga miedo al principio, pero con el tiempo, la evaluación se convertirá en algo normal y regular. Hay demasiados pastores que hacen la vista gorda a las personas que están sirviendo en el rol equivocado o que no deberían tener un rol en absoluto. ¿Puede la gente notarlo? Por supuesto que sí, y la falta de tomar las medidas necesarias crea desconfianza en la gente hacia el líder. Si el pastor genuinamente no ve el problema, eso es preocupante. Si lo ve y no tiene el valor de hacer algo al respecto, eso es un problema mayor de integridad.

La mayoría de los plomeros, electricistas, abogados, esteticistas y otros profesionales tienen que renovar sus certificaciones cada año. Cuánto más deberían las personas que trabajan para el Reino de Dios, y tienen un puesto renumerado, cumplir con un alto estándar de excelencia. Con demasiada frecuencia, miramos para otro lado cuando alguien no está haciendo bien su trabajo. Puede que nos quejemos en privado, pero siempre hallamos razones para evitar hacer olas. Nadie desea lastimar o dañar a otra persona innecesariamente, pero el buen liderazgo siempre requiere tomar decisiones difíciles y tener conversaciones difíciles. Creamos confianza cuando la gente nos ve tratar a otros con honestidad, amabilidad y sabiduría.

---

**NADIE** desea lastimar o dañar a otra persona innecesariamente, pero el buen liderazgo siempre requiere tomar decisiones difíciles y tener conversaciones difíciles.

---

En mi libro *¿Quién sostiene tu escalera?* compartí que es mejor tener una vacante en tu organigrama que tener a la persona incorrecta en el puesto. Si nos aferramos a la persona que tendríamos que haber soltado o despedido, creamos una multitud de problemas para nosotros, las personas en nuestros equipos, y para las personas a quienes lideran.

### Crecimiento

Nos encanta ver personas nuevas llegar y más vidas alcanzar, pero el crecimiento siempre genera caos. ¿Dónde los acomodamos? ¿Qué necesitan? ¿Cómo podemos relacionarnos con la gente? ¿Cómo pueden progresar de asistentes a miembros a voluntarios? ¿Tenemos suficiente espacio para los niños? ¿Dónde encontraremos más voluntarios que cuiden de los niños?

Algunas personas vienen con más entusiasmo, visión y voluntad que algunas de las personas que ya están dentro de la iglesia (incluso personas que sirven como líderes). Estas personas traen consigo un vocabulario diferente, lo cual puede llegar a crear algo de confusión. Las personas que han estado cómodas en su rol pueden llegar a sentirse amenazadas cuando las personas nuevas son reconocidas y son promovidas a un rol de liderazgo.

Los líderes trabajan duro y anhelan ver un crecimiento, pero eso siempre complica el liderazgo.

### Declive

No siempre tienen que irse muchas personas para que haya consternación en las vidas del pastor, el consejo, el equipo, y los congregantes quienes notan que sus amigos han dejado de asistir a la iglesia. El momento en que una persona se va no es el momento crucial porque muchas conversaciones surgen *antes* de ese día, y muchas más surgirán después de su partida. Y el número o cantidad no es tanto el problema sino la credibilidad. Cuando una persona deja a su amigo, la persona que queda atrás comienza a preguntarse si también debería irse. Las redes sociales no han sido favorables para los pastores. ¡Los comentarios sarcásticos que la gente publica en las redes no forman parte de la receta para un compromiso radical y un crecimiento dinámico!

**Estanque**

Muchos líderes piensan que el punto plano entre el crecimiento y el declive [o "estanque"] es una etapa terrible, pero, es todo lo contrario, simplemente es un momento de silencio antes de entrar a una nueva etapa de crecimiento (un punto de estabilización). Hay algunas escaleras que tienen descansillos los cuales proveen un espacio para parar y descansar, o por lo menos, para cambiar de dirección y continuar. Estos descansillos no son opcionales, sino que forman parte del diseño y el código de construcción.

Como dice el dicho, una organización que dispara hacia arriba como un cohete, cae como una roca. Las áreas planas brindan al líder la oportunidad de consolidar las ganancias, entrenar a los líderes, y prepararse para la próxima etapa de crecimiento. (En la curva sigmoidea, la nueva visión es implementada tan pronto se observa la primera señal de un estanque, o punto de estabilización).

Nunca he escuchado a un pastor decir, "Sam, estoy planificando un estanque". Nunca nadie me ha dicho eso y probablemente nadie me lo dirá jamás. Pero el hecho que el líder no planifica un estanque (o estabilización), no significa que no lo experimentarán. Se necesitan de diferentes músculos para liderar en tiempos de crecimiento, declive y estanque –y puedo asegurarles que todo líder pasará por las tres etapas en algún momento dado—.

Cuando la iglesia está creciendo, se necesita crear un método más grande para canalizar a las personas, darles la bienvenida al entrar y pastorearlas y guiarlas en su nuevo camino de fe. Asistir cada domingo es un buen punto de partida, pero para "cerrar la puerta de salida" [por decirlo así], requiere de una planificación estratégica, entrenar a los líderes, crear múltiples puntos de conexión, y expandir las estructuras.

En tiempo de declive, los líderes necesitan tener una combinación de un optimismo incesante, ser realistas, aunque incomode, saber descubrir la causa de cada declive y responder con fe en vez de culpa, planificar en vez de ceder a la desesperanza, y tener un renovado compromiso a crear (y restaurar) la confianza.

Durante los puntos de estanque, los líderes necesitan tomarse tiempo para reflexionar y analizar qué aconteció durante el tiempo de crecimiento, cuáles factores causaron que el crecimiento decayera, y qué nueva visión puede impulsarlos a la siguiente etapa de crecimiento.

**Una nueva visión**

La mayoría de los pastores no aprecian el espacio entre el punto en que se comunica o presenta la visión y lo que requiere ponerla en acción. Dios enseñó sobre el Reino de Dios durante tres años. Utilizó docenas de pasajes del Viejo Testamento, contó parábolas que comunicaran sus conceptos. No titubeó en comunicar a su equipo de liderazgo, sus discípulos, el mismo mensaje una y otra vez. Tenemos cuatro evangelios, no uno. ¿Acaso, no podríamos haberlo entendido con sólo uno? Quizás, pero Dios no quiso darnos un cuadro monocromático, sino que lo pintó en cuatro colores diferentes y desde cuatro puntos de vistas, en vez de sólo uno.

---

**TENE**MOS cuatro evangelios, no uno. ¿Acaso, no podríamos haberlo entendido con sólo uno? Quizás, pero Dios no quiso darnos un cuadro monocromático, sino que lo pintó en cuatro colores diferentes y desde cuatro puntos de vistas, en vez de sólo uno.

---

He visto pastores que vuelven de una conferencia, un sabático, o de su tiempo de oración, y se apuran a anunciar una nueva estrategia para la iglesia. ¡No es de extrañar que a la gente le cuesta ajustarse rápidamente! Estos pastores saltan de un pensamiento a una acción. Pero yo recomiendo un proceso más lento, como incubar un "huevo de ideas":

» Dedica tiempo a pensar, orar y hablar con un mentor, o como máximo con algunos amigos de confianza, pero mantén tus ideas confidenciales por un tiempo. Esto te brindará el tiempo necesario para que las ideas maduren y confluyan.

» Cuando estés listo (y sabrás cuándo lo estés), bosqueja cuidadosamente la visión en un papel y pídele a tu mentor o a tu amigo de confianza que la revise cuidadosamente y te comparta sus observaciones u opinión.

» Haz tu tarea: estudia la historia de tu iglesia y busca historias inspiradoras de fe, valor y la provisión de Dios.

» Después de que te hayas tomado el tiempo necesario para ajustar y refinar la visión, preséntasela a un miembro del consejo y pídele que exprese su entusiasmo.

» Compártela con tu equipo y dales la oportunidad de hacer todas las preguntas que puedan tener al respecto. Contesta cada pregunta con respeto y detalladamente, pero ten en cuenta que habrá preguntas a las cuales tendrás que responder, "No sé la respuesta a esa pregunta, pero lo averiguaremos".

» Reúnete con personas de influencia para informarlos y escuchar sus opiniones y observaciones.

» Invita a las personas con funciones de responsabilidad dentro del consejo y otros equipos a que se reúnan contigo para juntos formular un proceso detallado de implementación.

» Planifica cuidadosamente el lanzamiento y presentación al resto de los líderes en la iglesia, la congregación, y a la comunidad, si se aplica.
» Entonces, y sólo entonces, podrás proceder a implementar el plan, y repito: con cuidado, paciencia y sabiduría. E incluso entonces, sigue enseñando los conceptos, sigue alentando a las personas, y sigue pintando el cuadro de la visión a cumplir.

No te apresures. Cuando miramos las historias en las Escrituras, vemos periodos largos entre la presentación de la visión y la activación de la tal. Abraham tuvo que esperar veinticinco años para ver el cumplimiento de la promesa de un hijo. Los expertos sugieren que David tuvo que esperar veinticinco años después de haber sido ungido por Samuel para ser coronado rey. Nehemías construyó los muros de Jerusalén en tan sólo cincuenta y dos días, pero necesitamos recordar que anteriormente había servido como copero del rey de Susa, la capital de Persia. Durante su rol de copero, fue el sirviente más confiable y el menos dispensable.

Indudablemente, tomó muchos años para que Nehemías llegara a ese puesto de confianza ante el rey. Él probaba todo lo que se ofrecía al rey. Si algo estaba envenenado, él sería el primero en morir. Cuando él escuchó del sufrimiento del pueblo de Jerusalén, se entristeció y se armó de valor para pedirle permiso al rey para ir a construir los muros. El halló favor para poder asegurar los recursos, y después de viajar cientos de millas para extraer madera de los bosques y llevarla a Jerusalén, se reunió con la gente de la ciudad para asignarles el trabajo. A partir de ese momento, manejó el proceso de construcción a pesar de la oposición que tuvo que enfrentar. Después de que Jesús se encontrara con Saulo de Tarso en el camino a Damasco, Saulo, ahora llamado Pedro, pasó tres años en Arabia y luego alrededor de diez años en Tarso aprendiendo las Escrituras para elaborar su mensaje.

Es maravilloso que Dios nos habla en las conferencias (¡Es por eso que asistimos!), a través de libros, durante un sabático, a través de podcasts, y hasta en conversaciones con personas a quienes respetamos, pero la semilla no es el fruto... aún. La Biblia usa metáforas agrícolas para recordarnos que la semilla tiene potencial, pero ese potencial es desatado únicamente con el tiempo y bajo las condiciones correctas. Cuando apresuramos el proceso, provocamos un cortocircuito de los patrones de Dios.

> **LA SEMILLA** tiene potencial, pero ese potencial es desatado únicamente con el tiempo y bajo las condiciones correctas. Cuando apresuramos el proceso, provocamos un cortocircuito de los patrones de Dios.

## POCO A POCO

El libro de Éxodos es la narrativa suprema del pueblo judío y es el prólogo de la historia más importante, la historia de cómo Jesús nos sacó de la esclavitud al pecado y la muerte para entrar a Su Reino. Los doce espías regresaron con un reporte de mayoría lleno de duda y un reporte de minoría lleno de fe. El pueblo de Dios pasó cuarenta años viajando una distancia que podría haberse atravesado en un par de semanas. En el camino, Dios les dio suficientes advertencias e instrucciones. Un pasaje bíblico que significa mucho para mí es ambos, una advertencia y una promesa. Dios, nuevamente, prometió que echaría a los Heveos, Cananeos, Hititas de la tierra:

*"No los echaré de delante de ti en un año, para que no quede la tierra desierta, y se aumenten contra ti las fieras del campo. Poco*

*a poco los echaré de delante de ti, hasta que te multipliques y tomes posesión de la tierra."* (Éxodo 23:29-30).

Para mí, este es uno de los pasajes más alentadores en la Biblia en cuanto al liderazgo. Permíteme explicarte por qué.

Dios es todopoderoso. Él puede cumplir con cualquier tarea instantáneamente, con un simple chasquido de dedos, pero en este pasaje ha escogido operar a través del proceso. Uno de los temas más comunes en la Biblia es "esperar en el Señor". Esto no se trata solamente del tiempo; se trata de la actitud. Mientras esperamos, Dios nos prepara, prepara a otros, y prepara las situaciones. Si verdaderamente creemos que Él está trabajando detrás de las escenas cuando no podemos ver Su mano obrar, entonces esperaremos paciente y productivamente. "Poco a poco"; ese es el patrón del cambio y crecimiento en la Biblia. Jesús utilizó metáforas de la tierra y las semillas para recordarnos que el trabajo de Dios es progresivo. Dios explicó que Él no echó a la gente de la tierra prometida de inmediato porque Su pueblo no estaba listo. Estoy convencido de que el crecimiento de las iglesias no siempre es explosivo y dinámico porque no estamos listos. Nos pondríamos engreídos y compacientes... o quizás ambos, en vez de depender en Dios y esperar que Él haga lo que solamente Él puede hacer en Su tiempo y a Su manera.

Saber responder adecuadamente a las sorpresas está directamente vinculado a la claridad de las expectativas. Si mi cumpleaños se aproxima y accidentalmente escucho un comentario que mi esposa Brenda y mis hijas están planificando una fiesta para mí, cuando abra la puerta y griten "¡Sorpresa!", será lindo y agradable el momento, pero no será una sorpresa para mí. Sin embargo, si yo no tuviera la mínima idea que están planificando una fiesta, al entrar por la puerta, estaría muy sorprendido. Nuestro trabajo como pastores es dar pistas que algo se aproxima. No, es mucho más que dar pistas; necesitamos proveerle a la gente suficiente información e historias inspiradoras para prepararlos para la próxima etapa en la vida de la iglesia. Es casi imposible comunicar algo de más, así que cualquier sea tu concepto de "suficiente", probablemente no lo sea.

Por naturaleza, la mayoría de los pastores son optimistas y confiados, y les resulta fácil ver el potencial en las personas a quienes conocen. Sin embargo, esta característica positiva puede no ser lo que necesitan al compartir nuevas ideas. De la misma manera esperan que la gente se suba al tren de sus ideas rápidamente, por lo tanto, se sorprenden cuando lo que reciben a cambio es dudas, indecisión y oposición. Pero ese tipo de caos es inevitable. Necesitan entender que la brecha –o el vacío— entre compartir o presentar la visión e implementarla necesita ser lleno con narrativas cautivantes y enseñanzas inspiradoras, no sólo para la congregación sino para el consejo y los equipos de liderazgo también.

Mis preguntas simples son:

» ¿Qué estás haciendo para traer a le gente contigo? (¿Estás enseñándoles el alfabeto y gramática básica antes de exigirles que lean Shakespeare?).
» ¿Qué estás haciendo para reajustar sus expectativas y para que sean más realistas?
» ¿Qué estás haciendo para reajustar tus propias expectativas?

Las preguntas pueden parecerte simples, pero contestarlas es absolutamente necesario. A medida que elaboramos nuestro mensaje con el fin de guiar a le gente a través de las etapas del crecimiento "poco a poco", podemos reflexionar en otro pasaje de la Biblia sobre el proceso. En los últimos capítulos del libro de Ezequiel, el profeta es acompañado por un guía que le da un "recorrido del templo". Al pasar por cada atrio y cada rincón y patio, Ezequiel observa la cocina donde los servidores del templo cocerán los sacrificios. Luego el guía lo lleva a la entrada del templo donde ve agua que salía y corría cerca del altar. Y luego lo lleva por el camino de la puerta del norte, y le hace dar la vuelta en dirección a la puerta que da hacia el oriente y allí el agua llega hasta sus tobillos. Más agua fluye y ahora el agua llega a sus rodillas. Luego la visión muestra que el agua sigue fluyendo hasta llegarle a la cintura. Finalmente, el agua es ya un río y el profeta tiene que nadar. Al llegar a la ribera del río, el guía le explica el significado de la visión:

*"Y me dijo: Estas aguas salen a la región del oriente, y descenderán al Arabá, y entrarán en el mar; y entradas en el mar, recibirán sanidad las aguas. Y toda alma viviente que nadare por dondequiera que entraren estos dos ríos, vivirá; y habrá muchísimos peces por haber entrado allá estas aguas, y recibirán sanidad; y vivirá todo lo que entrare en este río... Y junto al río, en la ribera, a uno y otro lado, crecerá toda clase de árboles frutales; sus hojas nunca caerán, ni faltará su fruto. A su tiempo madurará, porque sus aguas salen del santuario; y su fruto será para comer, y su hoja para medicina."* (Ezequiel 47:8-9, 12).

Tú y yo estamos siendo guiados por nuestro guía, el Espíritu Santo. Él no nos sumerge en el agua profunda desde el principio; nos da tiempo para climatizarnos a los niveles de claridad e intensidad. Si somos pacientes y permanecemos en el agua, cosas asombrosas pueden suceder. La transformación del agua y la tierra en la visión representaba la transformación de las personas y las naciones, un proceso que será finalmente cumplido en la Nueva Jerusalén en Apocalipsis 22.

> **DIOS NOS** guía a pasar por diferentes estaciones en nuestras iglesias –tiempos y etapas que traen consigo cierto caos inherente—. Nuestra tarea es enmarcar esos tiempos de cambio con enseñanzas e historias a medida que esperamos con expectativa que las etapas se materialicen con el tiempo

Mientras tanto, Dios nos guía a pasar por diferentes estaciones en nuestras iglesias –tiempos y etapas que traen consigo cierto caos inherente—. Nuestra tarea es enmarcar esos tiempos de cambio con enseñanzas e historias a medida que esperamos con expectativa que las etapas se materialicen con el tiempo. Las expectativas realistas y nuestro compromiso al proceso ayudarán a que nuestra gente –las personas que Dios nos ha confiado— sepa maximizar cada etapa que nos toca enfrentar juntos. Pero recuerda, una cosa es segura: "Vas a ser secuestrado".

> *"Queremos evitar el sufrimiento, la muerte, el pecado y las cenizas. Pero vivimos en un mundo molido, roto y destrozado, un mundo que Dios mismo visitó y redimió. Recibimos la vida que Él derramó, y al ser otorgados el mayor privilegio de sufrir por Él, podremos entonces verter nuestras vidas por otros".*
> –Elisabeth Elliot

## CONSIDERA LAS SIGUIENTES PREGUNTAS:

1) ¿Conoces a alguien que es brutalmente honesto y tiene una esperanza tenaz? ¿Cómo te ha impactado esta persona a ti y a otros?

2) ¿Qué desenlaces o consecuencia has observado de cuando los problemas toman a una persona por sorpresa? ¿Cómo podría haberle ayudado a esa persona anticipar el problema?
3) ¿Cuál de las etapas mencionadas en este capítulo estás atravesando ahora? ¿En cuáles principios necesitas enfocarte para maximizar tu tiempo?
4) Vivimos en una sociedad instantánea, con servicios de banca instantáneos, con cocción en horno microondas, y toda la información del mundo disponible con sólo apretar una tecla. ¿Cómo piensas que ha afecta la vida moderna nuestra habilidad de ser pacientes y persistentes en ver una visión implementada y cumplida?
5) Permíteme preguntarte: ¿qué estás haciendo para traer a la gente contigo?
6) ¿Qué estás haciendo para reajustar sus expectativas, para que ellos sean más realistas?
7) ¿Qué estás haciendo para reajustar tu propia perspectiva?

## CAPÍTULO 6
# PASTOREANDO LA OPOSICIÓN

*"La autoridad bajo la que lidera el líder cristiano no es el poder sino el amor, no la fuerza sino el ejemplo, no la coerción sino la persuasión razonada. Los líderes tienen poder, pero el poder es seguro sólo en las manos de aquellos que se humillan para servir."*

–John Scott

Sospechas de nuestras motivaciones, la crítica antes de entender algo, y los chismes basados en información parcial… estas son sólo algunas de las maneras que los pastores enfrentan oposición al compartir y presentar una visión grande y nueva. Para estar seguros, aquellos que confían en el pastor casi siempre dan el beneficio de la duda, así que podemos suponer que el nivel de duda dentro del consejo y los miembros está directamente relacionado al nivel de la desconfianza.

He visto docenas de casos en los que la crítica tomó al pastor imprevistamente. Por ejemplo:

» Un pastor promovió a un pastor de jóvenes al equipo ejecutivo y lo puso a cargo del discipulado, pero otras personas creían que eran más cualificadas para la promoción.

» Otro pastor buscó afuera del equipo para contratar un pastor ejecutivo, alguien que no tenía nada de experiencia con la cultura, pero poseía las cualidades la iglesia necesitaba desesperadamente. Algunas personas del equipo de liderazgo no podían ver más allá del choque cultural inicial y reconocer los talentos que eran necesarios.

» Cuando el concepto de una iglesia multisitio era relativamente nuevo, un pastor comunicó la idea como una solución a las limitaciones de las facilidades de la iglesia. Tenía mucho sentido para él, pero algunos miembros del consejo no tenían idea de cómo algo así pudiera funcionar.

» Cuando un ministerio de jóvenes explotó en tamaño, el pastor readaptó un ala de la iglesia para acomodar un grupo más grande. Los miembros del equipo que se reunían allí resintieron que les tomaran su lugar.

Comenzar nuevos programas virtuales siempre requiere de ajustes en responsabilidades. Algunos se pueden sentir honrados, otros pasados por alto, y algunos se pueden sentir abrumados por el peso añadido de tareas ingratas. En la mayoría de los casos como estos (y muchos más), el pastor no lo comunicó por adelantado, con frecuencia ni suficientemente.

Me ha tocado trabajar en muchos casos con pastores y sus equipos que no logran una conexión en una nueva visión. En una ocasión, el pastor sentía que era su responsabilidad ser positivo. Al compartir la visión, siempre la presentaba en colores, y para la gente de su equipo, parecía que el pastor no tenía idea de los problemas que podrían acontecer. Cuando hacían sus preguntas sobre el proceso para obtener un poco de claridad en cuanto a sus responsabilidades, el pastor parecía molestarse y daba respuestas breves y simplificadas... lo cual socavaban la confianza aún más.

Algunos pastores, como este, malinterpretan las preguntas hechas por el consejo y el equipo de liderazgo. He notado que cuando un pastor de los denominados "Boomers" escucha la pregunta "¿por qué?" muy a menudo lo ven como un desafío personal a su autoridad y una declaración de deshonra, pero personas de las generaciones Milenial, X y Z crecieron preguntando ¿por qué? a prácticamente todo. Para ellos es natural, normal y no les molesta. Los pastores de los denominados "Boomers" muy a menudo reaccionan con una actitud condescendiente en vez de dar una respuesta reflexiva.

## LOS BENEFICIOS DE LA ANTICIPACIÓN

Es importante que los pastores esperen la oposición y le den la bienvenida. Si no la esperan, los tomará por sorpresa y actuarán reaccionariamente. Anticipar las preguntas difíciles nos da tiempo para prepararnos, para coleccionar más información, y evitar la oposición reversa, la cual ocurre cuando el pastor se siente amenazado y dice algo como, "¿Estás conmigo o en mi contra?". Eso nunca funciona.

---

> **ANTICIPAR** las preguntas difíciles nos da tiempo para prepararnos, para coleccionar más información, y evitar la oposición reversa, la cual ocurre cuando el pastor se siente amenazado y dice algo como, "¿Estás conmigo o en mi contra?". Eso nunca funciona.

---

Los pastores saben quiénes van a ser los primeros en involucrarse, quiénes necesitarán más tiempo para procesar la información, y quiénes harán las preguntas difíciles –y quiénes seguirán haciendo más preguntas—. A veces hay pastores que comparten su nueva idea con un poco de confusión, y por lo tanto enfrentan oposición o por lo menos renuencia a adoptarla. Escuchan a la gente decir "amén" cuando predican, pero no hay ningún amén cuando presentan el gran plan ante el consejo y el equipo de liderazgo. La unción que tienen en el púlpito no los acompaña en la oficina. Son dos ambientes diferentes, requieren dos modos de comunicación diferentes, con dos sets de diferentes expectativas.

Si podemos anticipar preguntas buenas, estaremos listos. Inevitablemente, alguien que haya escuchado la presentación preguntará, "Pero pastor, ¿y qué hay de…?". Al responder el pastor, imagínate la diferencia entre las siguientes respuestas: "Esa es una buena pregunta. Así es como yo lo veo en este momento, pero me gustaría tener tu aportación a medida que avanzamos", o "¡Cómo te atreves! ¡Sólo necesitas confiar en mí!". Las preguntas honestas son muy diferentes a la oposición genuina, y no deberían ser confundidas o comparadas.

He visto cuatro tipos de respuestas distintivas de los miembros del equipo y del consejo:

» La oposición abierta que ocurre cuando ya existe tensión en la relación.
» Alianzas a espaldas, la cual se alimenta del chisme y las indirectas.
» El distanciamiento y desconexión que ocurre cuando la gente se da por vencida y pierde toda esperanza de ser entendida y valorada.
» Las preguntas y la investigación honesta, que es el tipo de participación que se basa en la confianza y profundiza la confianza entre el pastor y las personas.

Al no invertir en relaciones trasparentes, honestas y de confianza, estamos buscando lío al comunicar y anunciar que se aproximan grandes cambios. Pero cuando la confianza ha sido establecida, las preguntas honestas son una señal de fuerza y bienestar, no de oposición. Por supuesto, ciertamente es posible que algunas personas confiarán en el pastor y otras no. De hecho, puede que sea solamente una persona, y en ese caso, será una de las lecciones más grandes en su vida.

> **AL NO** invertir en relaciones trasparentes, honestas y de confianza, estamos buscando lío al comunicar y anunciar que se aproximan grandes cambios.

## NUESTRO EJEMPLO

Uno de los intercambios más famosos en los evangelios es cuando Nicodemo fue a Jesús por la noche. Puede que se haya acercado de noche porque tenía miedo de que otros fariseos lo vieran con Jesús, pero cualquier haya sido el motivo, el punto es que tomó la iniciativa de ir. Él comenzó con una declaración de afirmación:

> "Rabí, sabemos que has venido de Dios como maestro; porque nadie puede hacer estas señales que tú haces, si no está Dios con él." (Juan 3:2).

En respuesta a su declaración, Jesús llevó a Nicodemo más allá de su observación de Su ministerio y expuso el deseo de su corazón: "De cierto, de cierto te digo, que el que no naciere de nuevo, no puede ver el reino de Dios." (v. 3).

Nicodemo no reaccionó diciendo, "¡Estás loco!" ni tampoco dijo "¡No tiene nada de sentido lo que dices!" sino que le hizo una pregunta; pidió más información. "¿Cómo puede un hombre nacer siendo viejo? ¿Puede acaso entrar por segunda vez en el vientre de su madre, y nacer?" (v. 4).

Jesús no se sintió ofendido, para nada. No puso a Nicodemo en ridículo por hacer una pregunta tonta, no se escandalizó ni se alejó sino aprovechó la oportunidad para explicarle más sobre el Espíritu y el Reino de Dios.

"*Respondió Jesús: De cierto, de cierto te digo, que el que no naciere de agua y del Espíritu, no puede entrar en el reino de Dios. Lo que es nacido de la carne, carne es; y lo que es nacido del Espíritu, espíritu es. No te maravilles de que te dije: Os es necesario nacer de nuevo. El viento sopla de donde quiere, y oyes su sonido; mas ni sabes de dónde viene, ni a dónde va; así es todo aquel que es nacido del Espíritu." (v. 5-8).*

Nuevamente, Nicodemo expresó su incredulidad –simplemente no entendía lo que Jesús le estaba diciendo—. "¿Cómo puede ser así?". Jesús pacientemente continuó explicándole, suavemente empujando a Nicodemo a considerar que su rol como líder incluía la responsabilidad de comunicar estas cosas a otras personas:

"*¿Eres tú maestro de Israel, y no sabes esto? De cierto, de cierto te digo, que lo que sabemos hablamos, y lo que hemos visto, testificamos; y no recibís nuestro testimonio. Si os he dicho cosas terrenales, y no creéis, ¿cómo creeréis si os dijere las celestiales? Nadie subió al cielo, sino el que descendió del cielo; el Hijo del Hombre, que está en el cielo. Y como Moisés levantó la serpiente en el desierto, así es necesario que el Hijo del Hombre sea levantado, para que todo aquel que en él cree, no se pierda, mas tenga vida eterna." (v. 10-15).*

Pero Jesús aún no había terminado. Cambió de la analogía del Viejo Testamento cuando Moisés levantó la serpiente, y todos los que la miraron fueron salvos, al futuro cuando Jesús sería levantado y todo el que lo mirare sería salvo:

"*Porque de tal manera amó Dios al mundo, que ha dado a su Hijo unigénito, para que todo aquel que en él cree, no se pierda, mas tenga vida eterna. Porque no envió Dios a su Hijo al mundo para condenar al mundo, sino para que el mundo sea salvo por él. El que en él cree, no es condenado; pero el que no cree, ya ha sido condenado, porque no ha creído en el nombre del unigénito Hijo de Dios. Y esta es la condenación: que la luz vino al mundo, y los hombres amaron más las tinieblas que la luz, porque sus obras eran malas. Porque todo aquel que hace lo malo, aborrece la luz y no viene a la luz, para que sus obras no sean reprendidas. Mas el que practica la verdad viene a la luz, para que sea manifiesto que sus obras son hechas en Dios." (v. 16-21).*

Usualmente miramos este pasaje Bíblico como un mensaje importante del evangelio, y ciertamente lo es, pero también podemos verlo como un Masterclass en cómo manejar las preguntas.

Lamentablemente, hay muy pocos intercambios como este con los fariseos y los saduceos. Más a menudo, sus preguntas eran capciosas con el fin de hacer tropezar a Jesús, hacerlo verse como un tonto... o un rebelde... o ambos. Por ejemplo, exigían ver una señal de Él (Mateo 12:38-42 y 16:1-4), y conspiraron con los herodianos (que eran aliados con los ocupantes romanos) para forzar a que Jesús declarara si Él pagaría impuestos —y demostrar que Él era cómplice con los romanos— o no los pagaría —y con eso probaría que Él era un rebelde liderando un movimiento separatista— (Marco 12:13-17). Preguntaron cuál es el mandamiento más importante, esperando que se equivocara, y así podrían condenarlo (Mateo 22:34-36), trajeron a una mujer delante de Él que había sido sorprendida en adulterio para ver si Él seguiría la ley y ordenaría que fuera apedreada (Juan 8:3-4), y, en varias ocasiones, atacaban a Jesús por sanar a personas en el día sábado (Mateo 12:9-14, et al.).

Quizás el punto culminante de las confrontaciones intensas fue grabado por Juan. Jesús había alimentado a los cinco mil, y la gente lo siguió porque quería más comida. Él trató de explicarles que Él les ofrecía mucho más que pan, pero ellos no querían escuchar la oferta que les hacía Jesús de comida espiritual. La intensidad de la discusión aumentó hasta que Jesús no pudo más y les dijo, *"Yo soy el pan de vida; el que a mí viene, nunca tendrá hambre; y el que en mí cree, no tendrá sed jamás. Mas os he dicho, que aunque me habéis visto, no creéis"*. Ellos siguieron quejándose que Él no volvería a alimentarlos milagrosamente, así que Él trató de señalarles algo mucho más alimenticio que el pan físico que Él les había dado:

*"Yo soy el pan de vida. Vuestros padres comieron el maná en el desierto, y murieron. Este es el pan que desciende del cielo, para que el que de él come, no muera. Yo soy el pan vivo que descendió del cielo; si alguno comiere de este pan, vivirá para siempre; y el pan que yo daré es mi carne, la cual yo daré por la vida del mundo".*

Nuevamente se quejaron, así que Jesús dijo algo que era inimaginable para ellos:

*"De cierto, de cierto os digo: Si no coméis la carne del Hijo del Hombre, y bebéis su sangre, no tenéis vida en vosotros. El que come mi carne y bebe mi sangre, tiene vida eterna; y yo le resucitaré en el día postrero. Porque mi carne es verdadera comida, y mi sangre es verdadera bebida. El que come mi carne y bebe mi sangre, en mí permanece, y yo en él. Como me envió el Padre viviente, y yo vivo por el Padre, asimismo el que me come, él también vivirá por mí. Este es el pan que descendió del cielo; no como vuestros padres comieron el maná, y murieron; el que come de este pan, vivirá eternamente."* (Juan 6:35-40, 48-51, 53-58).

¿Es este un ejemplo de cómo deberíamos manejar la oposición? Sí, a veces lo es, pero sólo después de haber tratado de amar una y otra vez, explicar, demostrar, y amar aún más. Hay dos pasajes bíblicos en el libro de Proverbios que parecerían contradecirse, pero son una fuente de perspectiva en cómo manejar la gente difícil:

*"Nunca respondas al necio de acuerdo con su necedad,
Para que no seas tú también como él.*

*Responde al necio como merece su necedad,
Para que no se estime sabio en su propia opinión." (Proverbios 26:4-5).*

Yo pienso que esto nos está diciendo que le respondas a una persona difícil una, dos y hasta tres o cuatro veces, pero llega un momento cuando comenzamos a perdernos en la confrontación, y llegamos a ser tan necios como la otra persona si continuamos discutiendo. Afortunadamente, no suele ser así dentro de nuestros equipos de liderazgo y el consejo, pero a veces pasa. Créeme, ¡pasa!

Muy a menudo le digo a los pastores, "Puedes ser pastor de una iglesia con solamente un don: el don del discernimiento. Con ese don, puedes navegar cualquier tormenta; sin él, te hundes". Cuando analizamos la vida de Jesús, podemos ver su aspecto brillante. Antes toda situación y con cada persona, Él respondía con perfecta sabiduría. Era increíblemente amable y suave con los descarriados y los enfermos, era increíblemente paciente con quienes le seguían, y era increíblemente astuto en Sus conversaciones con aquellos que se oponían a Él.

---

**MUY A MENUDO le digo a los pastores, "Puedes ser pastor de una iglesia con tan solamente un don: el don del discernimiento.**

---

El discernimiento te brinda percepción sobre la pregunta detrás de la pregunta. Alguien puede hacerse al exquisito con una idea y preguntar "¿por qué?", pero puedes discernir si la pregunta es honesta y minuciosa... o si está tratando de desafiar tu autoridad.

Cuando no estés seguro, supone que es honesta. Y si no lo es, pronto ¡saldrá a la luz!

He visto pastores que carecían del don del discernimiento y a causa de eso reaccionaron exageradamente a preguntas razonables y honestas. He visto a un pastor renunciar en el momento, otro arrojar una silla al otro lado del salón, y hasta escuché a uno maldecir a su equipo. Pero también he visto a más de un pastor enfrentar la situación diciendo, "Siento mucha tensión en este espacio, pienso que no nos estamos comunicando de una manera que le agrade a Dios. Vamos a tomar un descanso para recalibrar nuestras mentes y corazones. Oremos y pidámosle sabiduría a Dios y sigamos la conversación en la próxima reunión". También he visto a un pastor responder a la oposición diciendo, "Entiendo lo que estás diciendo y tienes algo de razón. Necesito tomarme un tiempo, volver a pensar en esto antes de continuar nuestra conversación. Al llegar aquí hoy, estaba muy seguro de mi posición, pero me has hecho pensar en algunas cosas que no había considerado. La idea será mejor gracias a tu observación. Dios te ha puesto en mi vida por muchas razones, y esta es una de ellas. Me has dado la oportunidad de ser una persona más sabia y un mejor líder. Gracias".

En realidad, jamás he conocido a un pastor que nunca en su vida se haya sentido como que reaccionó exageradamente en algún momento dado. Una cierta dosis de frustración viene con el territorio, y de vez en cuando, han considerado el beneficio de renunciar y marcharse. Pero la gran mayoría han reaccionado más como el último ejemplo que di –con paciencia y amabilidad—. (Los pastores que dicen que nunca pensaron en renunciar están mintiendo o son de otro planeta).

## EN SUS ZAPATOS

Algunos de los pastores leyendo este libro en este momento apenas han comenzado en su rol y recuerdan claramente lo que era estar en el equipo de liderazgo. Sin embargo, otros llevan mucho tiempo pastoreando y lo han olvidado. Para desarrollar los rasgos gemelos de la paciencia y la persistencia, necesitamos ponernos en los zapatos de las personas bajo nuestro liderazgo.

» **No ven lo que el líder ve, y, de hecho, no *pueden* ver lo que el líder ve.** Eso no es un defecto; es simplemente la razón por la cual el pastor es el líder. Los miembros del equipo que desarrollan la capacidad de ver más allá y más claramente están preparados para asumir un rol más grande de liderazgo, y quizás en otra iglesia.

» **Tienen una responsabilidad limitada, pero el pastor carga el peso de todo.** Muy a menudo le digo a los pastores, "Eres el único en tu iglesia que se acuesta y se levanta pensando en la iglesia". Los demás pueden irse de vacaciones y descansar de sus tareas por una o dos semanas, pero el pastor no. Incluso de vacaciones en la playa, o pescando en el río entre las montañas, o en el mar disfrutado de un crucero, los problemas de y la preocupación por la iglesia continúan... todo el día, todos los días. Los doctores, abogados, ingenieros, maestros, y plomeros pueden apagar el interruptor mental por un ratito, pero los pastores no. Si algo trágico sucede y los reporteros aparecen en la iglesia a cubrir la historia, quieren hablar con el pastor; no preguntan por nadie más. Los bancos se preocupan cuando el cuerpo de liderazgo de una iglesia cambia porque no saben qué esperar del próximo pastor. Por eso insisten en un plan de sucesión antes de dar el préstamo. Saben que el pastor principal es la persona cuyo llamado es la iglesia y cuentan con esa persona; esa persona será quién cumpla con las obligaciones.

- » **Aún no han desarrollado la capacidad de liderar a la iglesia completa.** Están enfocados en su propio mundo de responsabilidades, no en toda la iglesia. Eso es de esperar; es justo y es bueno. Sin embargo, si el pastor observa que uno de los miembros del equipo está creciendo en capacidad, quizás es tiempo de afirmarlo y promocionar a esa persona a servir en una función mayor, ya sea en su iglesia u otra. Por otro lado, hay dos roles específicos que tienen una fecha de expiración: nadie tiene un líder de alabanza y adoración de ochenta años, y los pastores de jóvenes usualmente pasan a servir en otro rol de liderazgo cuando son demasiado viejos para identificarse con los jóvenes. Muchos de ellos hacen la transición a pastor principal. Esto significa que cada año, los pastores de jóvenes dan un paso más cerca a su próximo rol. Si los pastores no entienden y aceptan esa realidad, no sabrán prepararse para la transición y no estarán listos para la nueva oportunidad.
- » **Piensan que el cambio es una amenaza a su identidad dentro del equipo.** Esto usualmente sucede cuando el pastor no ha afirmado sus fortalezas, dones y contribuciones, lo cual deja a los miembros del equipo sintiéndose más vulnerables durante un cambio. Los pastores necesitan fungir como mentores que dicen con claridad, "Estás haciendo un buen trabajo. Te he visto crecer y desarrollarte y manejaste esa situación difícil sabiamente. ¡Me siento orgulloso de ti!". Conversaciones como esta fomentan estabilidad y confianza. Los miembros del equipo necesitan convencerse de que son vistos y apreciados por el pastor. El hecho que necesitan afirmación no es una deficiencia; ¡todos la necesitamos! Piensa en cuántos pasajes bíblicos hay

que afirman nuestro lugar como hijos amados y atesorados por Dios. Necesitamos escucharlo de la Palabra de Dios, y necesitamos escucharlo de otras personas también. Hay personas que lo han hecho por mí. Hace muchos años, una persona me dijo, "Sam, puedo ver cómo Dios te usa para guiar a otros". Otra persona me dijo, "Creo que tienes el don y llamado al pastorado". En otra ocasión alguien me dijo, "Sam, es evidente que tienes talento para ayudar a otras personas a desarrollar y prosperar en sus roles". Y en algún momento en mi vida, un amigo me dijo, "Esas ideas necesitan ser compiladas en un libro". No sé dónde estaría hoy si no fuera por esas personas, y muchas más, que vieron algo en mí y me lo dijeron.

» **Culpan al líder por cualquier incomodidad y lo toman como una ofensa personal.** Cuando las personas se preguntan si verdaderamente nos importan, si las valoramos, si apreciamos su contribución al equipo, es natural que estén a la defensiva. Pero ahora volteémoslo: si una persona está a la defensiva, puede ser que no hemos hecho un buen trabajo en proveer un fundamento firme de ánimo y aliento. Como parte de nuestra comunicación, necesitamos entender que los miembros del equipo son todos diferentes, y, por lo tanto, cada uno requiere un trato diferente. Por ejemplo, yo tengo dos hijas. Ellas comparten muchos genes, pero sus personalidades son opuestas. Cuando eran pequeñas, si Raquel estaba haciendo algo mal, con tan sólo mirarla fijamente se largaba a llorar. En cambio, Debbie, por otro lado, necesitaba un trato diferente, más directo. Si tienes más de una persona en tu equipo, necesitas personalizar tu comunicación con cada persona, hasta cierto punto. Nunca castigues a una persona por equivocarse sino disciplínala. El castigo pone el énfasis en el error, pero la disciplina se enfoca en el crecimiento futuro y el provecho. Esta diferencia importa, y mucho.

---

**SI TIENES más de una persona en tu equipo, necesitas personalizar tu comunicación con cada persona, hasta cierto punto.**

---

» **No han aprendido a vivir con cierta medida de ambigüedad.** Esta es una de las lecciones más importantes que podemos impartir a las personas en nuestro equipo. Los líderes inseguros necesitan siempre tener la razón, tener todas las respuestas y nunca ser cuestionados. En cambio, los líderes seguros, sabios y maduros entienden que no lo saben todo y se sienten cómodos diciendo, "No sé". Cuando los miembros del equipo coexisten en un ambiente como este, pueden relajarse y admitir cuando no tienen todas las respuestas. Es entonces que juntos pueden buscar soluciones y entender que cada elemento del ministerio requiere un proceso de descubrimiento. Una de las frases que estoy aprendiendo a decir es, "Todavía no sé decirte. Estoy trabajando con mis dudas". En su libro *"Alcanzando al Dios invisible"*, Philip Yancey cita a Andrew Greeley: "Si uno quiere eliminar la incertidumbre, tensión, confusión y el desorden de la vida, no tiene sentido mezclarse con Yavé ni con Jesús de Nazaret". En su libro, Yancey habla sobre su propia experiencia: "Crecí esperando que mi relación con Dios me brindaría orden, certidumbre y una calma racionalidad en la vida. En cambio, he descubierto que vivir por fe conlleva una tensión dinámica".[22]

---

22 Philip Yancey, *Alcanzando al Dios invisible* (Grand Rapids: Zondervan, 2000), 92.

Yo aprecio a los líderes que se sienten lo suficientemente cómodos para decir, "Tengo una idea, pero no sé cómo funcionará."; "Necesito orar, estudiar y hablar con otras personas sobre esto antes de dar un paso"; "Sería bueno hacer un estudio de viabilidad"; "Quiero tu opinión honesta sobre este concepto". Todos estos líderes entienden que el liderazgo y la vida son un viaje.

## PASTOREANDO TU REBAÑO

A medida que pastoreamos a las personas en nuestro equipo, en el consejo y otras personas de influencia en nuestras iglesias, necesitamos invitarlos a que hagan preguntas, afirmar a las personas que plantean las preguntas, y ser pacientes con los que necesitan más tiempo para captarlo. Todos están mirando cómo reaccionamos. Si demostramos que nos ofendemos, y no los tratamos como tontos o como enemigos, entonces nos ganaremos su confianza un poquito más. Ellos esperan que los guiemos, pero esperan que lo hagamos con una mezcla de valor y amabilidad, siguiendo el ejemplo del Cordero y el León.

---

**LAS PERSONAS esperan que los guiemos, pero esperan que lo hagamos con una mezcla de valor y amabilidad, siguiendo el ejemplo del Cordero y el León.**

---

Jesús evidentemente aprendió el valor de las preguntas honestas muy temprano en Su vida. Solamente tenemos un breve recuento de Sus años de formación, pero es instructivo. Lucas nos lleva al templo cuando Jesús tenía doce años. María y José pensaron que Jesús estaba con su grupo al salir de Jerusalén camino a Nazaret, pero en el camino se dan cuenta de ¡Jesús no estaba con ellos!

*"Pero como no le hallaron, volvieron a Jerusalén buscándole. Y acontenció que tres días después le hallaron en el templo, sentado en medio de los doctores de la ley, oyéndoles y preguntándoles. Y todos los que le oían, se maravillaban de su inteligencia y de sus respuestas." (Lucas 2:45-47).*

Jesús estaba haciendo lo que nosotros esperamos de nuestros miembros del equipo: Él estaba escuchando, haciendo preguntas, adquiriendo conocimiento, y compartiendo Sus ideas con otros. En el entrenamiento personal, reconocemos el poder de utilizar preguntas para atraer a la gente y llevarla a un autodescubrimiento. Incluso en su juventud, Jesús entendía el poder de las preguntas y las utilizó efectivamente a lo largo de Su ministerio.

Pero Jesús no tenía miedo de sorprender o desilusionar a sus discípulos. En uno de los relatos más notables registrados en los Evangelios, Jesús enseñó en la sinagoga, sanó a la suegra de Pedro, y luego:

*"Cuando llegó la noche, luego que el sol se puso, le trajeron todos los que tenían enfermedades, y a los endemoniados; y toda la ciudad se agolpó a la puerta. Y sanó a muchos que estaban enfermos de diversas enfermedades, y echó fuera muchos demonios; y no dejaba hablar a los demonios, porque le conocían."* (Marco 1:32-34).

¿Sabes lo agotante que puede ser estar ministrando todo el día? Sin embargo, Jesús interrumpió su descanso esa noche para levantarse, estar a solas y orar. El próximo día, los discípulos estaban listos para repetir el día glorioso que habían tenido. Cuando encontraron a Jesús dijeron: "Todos te están buscando". ¡No era para menos! Seguramente todo el pueblo y las laderas querían ver a Jesús. Pero

Él tenía otra agenda para ese día: "Vamos a los lugares vecinos, para que predique también allí; porque para esto he venido. Y predicaba en las sinagogas de ellos en toda Galilea, y echaba fuera los demonios." (v. 35-39).

Me hubiera gustado ver las caras de Pedro y los otros discípulos. Ellos estaban seguros de que Jesús debía quedarse. Después de todo, ¡cosas grandes estaban aconteciendo! Pero la visión de Jesús era mucho más grande y diferente a la suya. Puede que hayan quedados perplejos, pero igual lo siguieron. Él podía ver que ellos no podían ver con claridad, Él tenía responsabilidades que iban mucho más allá que las suyas, y Él tenía una capacidad ilimitada de hacer la voluntad de Su Padre.

A medida que lideramos a la gente, habrá momentos en que Dios nos guiará a llevarlos a donde nadie más puede imaginar. Si hemos establecido relaciones fuertes con confianza y afirmación, nos seguirán. Puede que en el primer trecho del viaje te acompañen meneando la cabeza en desacuerdo, pero al poco tiempo serán tus fieles compañeros.

*"El verdadero espíritu pastoral es un conjunto de preciosas gracias. Arde con celo, pero no fogoso con pasión. Es suave, pero gobierna su clase. Es amoroso, pero no le guiña al pecado. Tiene poder sobre los corderos, pero no es dominante ni filoso. Es alegre, pero sin frivolidad. Es libre, pero no tiene permiso; tiene solemnidad, pero no pesimismo."*
*–Charles Spurgeon*

## CONSIDERA LAS SIGUIENTES PREGUNTAS:

1) ¿Has visto a un líder manejar bien la oposición? ¿Qué efecto tuvo su ejemplo en el equipo... y en ti?

2) ¿Has visto a un líder manejar mal la oposición y terminar destruyendo la confianza? ¿Cómo te afectó a ti?
3) ¿Por qué es importante que el líder entienda que nadie puede ver lo que él o ella ve? ¿Por qué es importante que los miembros del equipo también lo entiendan?
4) No importa cuál sea tu rol en el equipo, eres un líder. ¿De qué formas podrías ponerte en los zapatos de las personas en tu equipo?
5) ¿Te sientes cómodo con la ambigüedad? Explica tu respuesta.
6) ¿Qué tipo de relaciones necesitan ser desarrolladas para que las sorpresas del líder no descarrilen a todo el equipo?

# CAPÍTULO 7
# ETAPAS PREDECIBLES

*"Un líder es alguien que conoce el camino, recorre el camino y muestra el camino."*

–John C. Maxwell

A medida que me ha tocado observar a pastores y su liderazgo, he notado que muchos de ellos llevan a sus iglesias a través de las etapas, en realidad, etapas bastantemente predecibles. Muy a menudo comienzan como *empresarios*, lanzando la iglesia o trayendo nuevas ideas y energía a una iglesia ya existente. En un par de semanas o meses, la forma de la visión *emerge*. Después de un tiempo, se *establecen* los nuevos conceptos, las estructuras y la cultura. Sin embargo, tarde o temprano, el pastor llega a una bifurcación del camino: el estancamiento causa que la visión se *descarrile*, o el pastor tiene una nueva intuición de lanzar y presentar una nueva *iniciativa* que revitalizará al equipo y a la iglesia.

Plantar una iglesia le brinda al pastor la oportunidad de crear la cultura deseada antes del lanzamiento, pero ser asignado a una iglesia ya existente requiere más paciencia y sabiduría para recrear una cultura organizacional. Una vez, vino a mí un hombre a consultarme, –a quien le pondremos por nombre Dave— quien, a los treinta un años de edad, fue convocado a una iglesia que había existido por más de un siglo. Durante décadas, un par de familias habían dominado el consejo, resistiendo toda nueva idea, dejando a muchos pastores frustrados y sintiéndose impotentes. El hecho que Dave era joven era una ventaja y también una desventaja. Muchas de las personas en el consejo estaban seguras que él sería moldeable en sus manos, pero el entusiasmo que tenía Dave y sus ganas de llegar más allá de las cuatro paredes de la iglesia cautivaron el corazón de muchos en la congregación... incluso de los miembros del consejo.

---

**PLANTAR** una iglesia le brinda al pastor la oportunidad de crear la cultura deseada antes del lanzamiento, pero ser asignado a una iglesia ya existente requiere más paciencia y sabiduría para recrear una cultura organizacional.

---

Nadie en la iglesia se opuso al objetivo de alcanzar a los perdidos y ayudar a los necesitados de la comunidad. La pregunta era cómo invertirían los recursos para lograrlo. Cuando la iglesia se inició al principio del siglo veinte, el pastor y los líderes de la iglesia podían esperar que la gente se acercara a ellos. En ese tiempo, la iglesia era vista como una parte vital de la vida de la comunidad. Pero ahora, esa ya no era la realidad. Dave hizo que su equipo y el consejo formaran parte del proceso de descubrimiento. Ellos preguntaron, "¿Cómo podemos lograr un impacto para Cristo en las vidas de las personas que no ven a la iglesia como relevante?". Juntos, elaboraron un plan, se lo comunicaron a la congregación y pusieron el plan en marcha.

A medida que la estrategia comenzó a dar resultado y el cambio surgió, algunas personas en la iglesia se sentían entusiasmadas de marcar la diferencia en sus barrios, pero otros comenzaron a quejarse, "¡Esta no es la manera! ¡Nunca lo hemos hecho así!". Algunas familias se fueron de la iglesia y se unieron a la iglesia a la vuelta de la esquina, y otras familias se fueron de la iglesia por completo. Pero, por otro lado, muchas familias e individuos nuevos comenzaron a llegar. Algunos de los que se fueron habían sido parte del sustento financiero de la iglesia por décadas, pero mucha de la gente nueva no tenía concepto de lo que era diezmar y ofrendar. Algunos miembros del equipo se sentían incómodos con los cambios inevitables que surgían en cuanto a sus responsabilidades. Ninguna descripción del trabajo permaneció intacta, y todas las transiciones propuestas resultaron ser demasiado para algunas personas. Por lo tanto... algunos fueron despedidos, uno retirado, dos fueron contratados, y el resto de las personas fueron reasignadas o realineadas en sus funciones.

En su favor, Dave anticipó todo esto, así que la oposición que enfrentó al implementar la nueva visión en la iglesia no lo tomó desprevenido.

A nueve meses de haber comenzado a implementar la nueva estrategia, todos los participantes comenzaron a ver señales frescas y nuevas de bienestar y crecimiento. Podían predecir con precisión la asistencia de la gente y los cambios en las tendencias y patrones de ofrendas. El equipo de alabanza y adoración habían encontrado su ritmo, la compilación de información para los anuncios había sido optimizada, y habían trabajado duro para reclutar suficientes voluntarios cualificados para el ministerio de niños. Las finanzas se habían estabilizado y había un aire de emoción y entusiasmo en toda la iglesia. Luego, dos miembros del consejo pidieron reunirse con Dave.

Le dijeron que los estatutos y el sistema de contabilidad necesitaban ser actualizados, para que todos tuvieran en claro la forma y función de la iglesia. (Hacía cuatro décadas que no habían sido revisadas detalladamente). Dave apreció la sabiduría en su observación, así que les pidió que estudiaran los problemas e hicieran una recomendación al consejo. Pasaron varios meses compilando información y elaborando el primer borrador de los estatutos. Los cambios propuestos provocaron discusiones importantes, y los estatutos fueron aceptados después de algunos cambios. Una mejor estructura y una comunicación más clara eran la parte esencial del desarrollo de la iglesia –que es precisamente lo que sucede cuando surge una visión y es establecida—.

Cuatro años después de haber lanzado la nueva iniciativa, todo iba viento en popa en la iglesia de Dave. Las dudas de muchos quedaron en el olvido. Dave había implementado un programa de discipulado efectivo para ayudar a la gente a crecer en la fe, e incluso algunas personas se encontraban sirviendo en puestos de liderazgo. Pero el corazón de Dave se sentía inquieto. Él y yo habíamos hablado de la curva sigmoidea, y de lanzar o presentar nuevas iniciativas antes de que una organización se estanque o decaiga. El crecimiento había traído el desafío de ahora tener que tomar decisiones difíciles no respondidas: añadir un nuevo servicio, construir una facilidad más grande, abrir un anexo, desarrollar nuevos equipos centrales y plantar nuevas iglesias.

Dave pasó tiempo hablando conmigo y otros pastores de confianza, y sintió que Dios lo estaba llevando a lanzar un nuevo concepto: crear una escuela de plantación de iglesias. Algunas personas en el consejo se entusiasmaron, pero otras comenzaron a preguntarse si Dave estaba insatisfecho con todas las cosas buenas que estaban aconteciendo, el trabajo logrado en la comunidad, y todas las personas que habían dado su vida a Cristo, asistían a la iglesia y eran ahora miembros. El nuevo concepto de David significaba que las responsabilidades del personal y del consejo tendrían que ser ajustadas y realineadas otra vez, y algunos serían reasignados por completo para correr la nueva escuela. Para crear un programa de residencia para aspirantes sembradores de iglesias, querían enlistar la participación de otras iglesias en el área.

Gradualmente, el concepto comenzó a tomar forma, y un año después, lanzaron el nuevo programa de residencia con siete hombres y dos mujeres dedicados a ser bi-vocacionales durante los dos años del programa y luego salir a plantar iglesias donde Dios los llamara. El nuevo director del programa tenía experiencia en plantación de iglesias, y los mentores eran pastores del área quienes habían comenzado las iglesias donde servían. El director, los mentores y otros líderes del área entrenaban a los estudiantes en las clases, talleres y actividades de alcance.

Esta iniciativa requería que Dave y otros pastores participantes recaudaran el dinero para el programa, e inyectó una nueva energía en las iglesias participantes. Poco a poco, el programa se expandió e incluyó la plantación de iglesias internacionalmente, y nuevos programas de residencia fueron desarrollados en tres países: Argentina, Kenia e Indonesia.

Dave ha estado en la iglesia solamente doce años, pero en ese poco tiempo, Dios lo ha usado para elevar el nivel de visión, expectativas, y participación en cada nivel de la organización y para crear algunos nuevos departamentos.

En un par de años, la iglesia de Dave atravesó una serie de etapas y luego entró en otra. Se vio algo así:

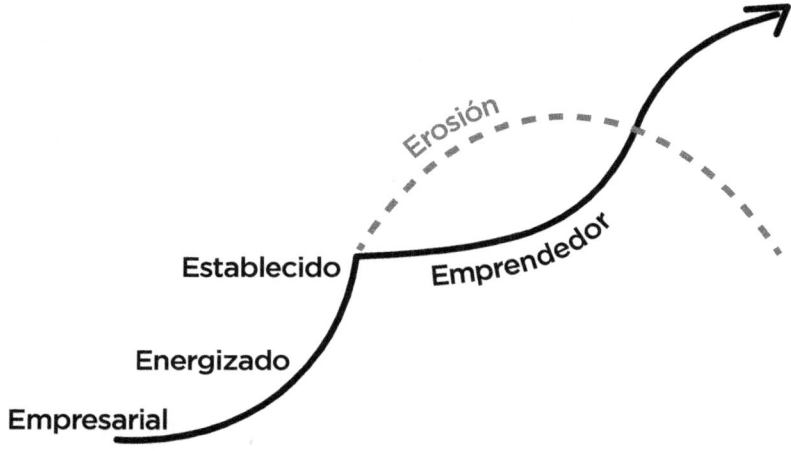

## PÉRDIDAS ANTICIPADAS

Uno de los rasgos que aprendí a anticipar de Dave es que desarrolló un apetito por las pérdidas. De sus primeros días como pastor, entendió que una visión audaz siempre es una línea divisoria: la gente está a tu favor o en tu contra; algunos serán atraídos y otros repelidos; algunos se unirán a participar en la nueva visión, pero otros se marcharán. Él no se sorprendía al ver todo tipo de reacciones.

---

**LOS LÍDERES sabios luchas con las preguntas difíciles de qué y quién están dispuestos a soltar en beneficio de ver posibles ganancias.**

---

Los líderes sabios luchan con las preguntas difíciles de qué y quién están dispuestos a soltar en beneficio de ver posibles ganancias. Esto no es un ejercicio académico. Desde el inicio de una idea audaz, se pueden imaginar las reacciones de algunas personas a quienes les gustan las cosas como están (y como siempre han sido).

La palabra usada más frecuentemente para describir las emociones de Jesús en los Evangelios es *compasión*, lo cual significa ser profundamente conmovido por el sufrimiento de otra persona. La empatía de Jesús y su preocupación por los que sufrían eran rasgos que se destacaron para Mateo, Marcos, Lucas y Juan, pero una y otra vez, lo vemos seguir adelante después de un momento milagroso. Él tenía sus ojos puestos en algo mucho más grande de lo que los discípulos podían ver, y nada lo detendría. En una de las escenas más penosas, regresamos al pasaje donde la gente seguía a Jesús porque querían ser alimentados otra vez, pero Él les ofrece el Pan de Vida. No querían lo que Él les ofreció, así que la multitud –miles de personas— se dieron la vuelta y se fueron. Jesús no les suplicó que se quedaran. De hecho, Él se dirigió a los que estaban con Él y les pregunto, "¿También ustedes quieren irse?".

Casi se puede sentir la tensión en la voz de Pedro cuando le responde, "Señor, ¿a quién iremos? Tú tienes palabras de vida eterna. Y nosotros hemos creído y conocemos que tú eres el Cristo, el Hijo del Dios viviente." (Juan 6:66-69). En ese momento, Pedro tuvo, por lo menos, un destello del precio de seguir a Jesús.

Pablo también calculó el costo. Su primera carta a los Corintios fue rectificativa, como un padre desilusionado exhortando a su hijo a ser mejor. En los comentarios de apertura en su segunda carta, Pablo vierte su corazón sobre el precio de representar a Jesús:

*"Porque hermanos, no queremos que ignoréis acerca de nuestra tribulación que nos sobrevino en Asia; pues fuimos abrumados sobremanera más allá de nuestras fuerzas, de tal modo que aun perdimos la esperanza de conservar la vida. Pero tuvimos en nosotros mismos sentencia de muerte, para que no confiásemos en nosotros mismos, sino en Dios que resucita a los muertos; el cual nos libró, y nos libra, y en quien esperamos que aún nos librará, de tan gran muerte." (2 Corintios 1:8-10).*

Pablo estaba convencido de que tendría que morir a causa de su fe. En la misma carta, varios capítulos después, menciona una letanía de dolores y pruebas que tuvo que enfrentar para llevar el evangelio de gracia a quienes no habían sido alcanzados. Algunos líderes religiosos le habían dicho a los Corintios que ignoraran a Pablo, y él respondió marcando la diferencia:

*"¿Son ministros de Cristo? (Como si estuviera loco hablo.) Yo más; en trabajos más abundante; en azotes sin número; en cárceles más; en peligros de muerte muchas veces. De los judíos cinco veces he recibido cuarenta azotes menos uno. Tres veces he sido*

*azotado con varas; una vez apedreado; tres veces he padecido naufragio; una noche y un día he estado como náufrago en alta mar; en caminos muchas veces; en peligros de ríos, peligros de ladrones, peligros de los de mi nación, peligros de los gentiles, peligros en la ciudad, peligros en el desierto, peligros en el mar, peligros entre falsos hermanos; en trabajo y fatiga, en muchos desvelos, en hambre y sed, en muchos ayunos, en frío y en desnudez; y además de otras cosas, lo que sobre mí se agolpa cada día, la preocupación por todas las iglesias. ¿Quién enferma, y yo no enfermo? ¿A quién se le hace tropezar, y yo no me indigno?"* (2 Corintios 11:23-29).

En el Viejo Testamento, vemos la misma disponibilidad a pagar un alto precio por honrar a Dios. El rey babilónico Nabucodonosor, como otros emperadores romanos siglos después, quería ser adorado, por lo cual hizo una estatua de oro noventa pies de alto y llamó a todos los administradores de su reino para que vinieran a adorarlo. La ceremonia fue compleja, pero tres amigos hebreos –Sadrac, Mesac y Abednego— se rehusaron a inclinarse y adorar la estatua. Nabucodonosor se molestó. Llamó a los tres hombres y les dio una oportunidad más de adorar la estatua. Si se rehusaban a hacerlo, los metería al horno de fuego ardiendo. Los hombres respondieron:

*"No es necesario que te respondamos sobre este asunto. He aquí nuestro Dios a quien servimos puede librarnos del horno de fuego ardiendo; y de tu mano, oh rey, nos librará. Y si no, sepas, oh rey, que no serviremos a tus dioses, ni tampoco adoraremos la estatua que has levantado."* (Daniel 3:16-18).

De cualquier manera, ellos estaban determinados a ser fiel a la voluntad de Dios y Sus caminos. Nabucodonosor mandó a que sus soldados los metieran en el horno, el cual estaba tan caliente que los soldados murieron en las llamas. Pero en el horno, el rey vio un cuarto hombre caminando con los tres amigos. Casi seguro era una cristofanía, una aparición de Jesucristo preencarnado, quien los salvó.

Otro relato en las Escrituras cuenta de una mujer que tomó un gran riesgo para representar y salvar al pueblo de Dios que estaba siendo oprimido. Ester había sido escogida por su belleza para ser la esposa del rey. Cuando su tío Mardoqueo descubrió el plan para matar a todos los judíos, él fue a ella a pedirle que le rogara al rey que tuviera misericordia. Ella mandó a decirle a su tío que hacerlo sería arriesgar su vida. Él le respondió:

*"No pienses que escaparás en la casa del rey más que cualquier otro judío. Porque si callas absolutamente en este tiempo, respiro y liberación vendrá de alguna otra parte para los judíos; mas tú y la casa de tu padre pereceréis. ¿Y quién sabe si para esta hora has llegado al reino? (Ester 4:13 y 14).*

Ester se armó de valor para representar a su pueblo y fue así como los judíos se salvaron.

En la cumbre de Su popularidad, Jesús advirtió a Sus discípulos que la popularidad no duraría. Un día vendría cuando serían ridiculizados y perseguidos:

*"Mas os digo, amigos míos: No temáis a los que matan el cuerpo, y después nada más pueden hacer. Pero os enseñaré a quién debéis temer: Temed a aquel que después de haber quitado la vida, tiene poder de echar en el infierno; sí, os digo, a este temed. ¿No se venden cinco pajarillos por dos cuartos? Con todo, ni uno de ellos está olvidado delante de Dios. Pues aun los cabellos de vuestra cabeza están todos contados. No temáis, pues; más valéis vosotros que muchos pajarillos." (Lucas 12:4-7).*

Vivimos en una de las culturas más opulentas y cómodas que haya visto el mundo, y es fácil para los pastores y sus equipos concluir que la vida debería siempre ser placentera y en continuo crecimiento y fuerza. Como dicen las Escrituras, "la arrogancia anticipa la caída" (Proverbios 16:18b, RVC). La arrogancia inevitablemente lleva al colapso –quizás no sea de inmediato y público, pero es seguro—. Los líderes sabios tienen una mezcla de humildad (porque no saben cuál será el resultado de sus decisiones) y confianza (porque Dios hará Su voluntad y sin falta impartirá lecciones importantes).

---

**LOS LÍDERES** sabios tienen una mezcla de humildad (porque no saben cuál será el resultado de sus decisiones) y confianza (porque Dios hará Su voluntad y sin falta impartirá lecciones importantes).

---

## CINCO PREGUNTAS

No importa qué tan clara sea la visión del líder, es importante involucrar a otros en el proceso de descubrimiento, planificación e implementación. A lo largo de los años, he aprendido a hacer cinco preguntas muy importantes:

### ¿Qué debemos *iniciar*?

Yo pregunto, "Si pudiéramos comenzar un programa, una campaña, un evento de alcance, o cualquier otra iniciativa, ¿qué sería? No estoy hablando de redefinir o reorientar algo que ya estamos haciendo. Estoy hablando de hacer algo que nunca antes hayamos hecho. No vamos a evaluar las ideas y no vamos a tomar ninguna decisión. Permite que tu mente viaje a lugares que nunca antes ha explorado". Esta forma de pensar se llama "pensamiento cielo azul" y cualquier y todas las ideas son bienvenidas. Este no es el momento para analizaras. El análisis que comienza antes de tiempo termina siendo una frazada mojada y pesada que sofoca y ahoga la creatividad.

Esta pregunta es para las iglesias que están creciendo y necesitan buscar nuevas formas de seguir creciendo.

### ¿Qué debemos *parar*?

Todas las iglesias necesitan identificar qué se debe parar. Hay algo que no está funcionando, así que esta discusión fue diseñada para ayudarte a identificar los obstáculos. Es un secreto a voces qué y quién ya no funciona y no es de ayuda. Casi seguro, algunas personas en el liderazgo están comprometidas con programas y eventos que han dejado de ser efectivos, así que no te sorprendas cuando rechacen o ignoren cualquier pista de que aquello a lo que se aferran corre peligro. De hecho, puede que esta no sea una discusión grupal. Mejor pídeles que te den su opinión individualmente. Puede que su retroalimentación te sorprenda; o puede que no.

### ¿Qué debemos *continuar*?

La respuesta correcta a esta pregunta es "¡Todo!". Todas las iglesias necesitan hacer esta pregunta porque, al menos en mi experiencia, si una iglesia tiene diez programas, tres o cuatro de ellos son excepcionalmente efectivos, tres o cuatro son moderadamente efectivos, y unos pocos continúan sólo porque nadie ha hecho preguntas difíciles sobre su eficacia. Esta pregunta ayuda a identificar con qué estás continuamente comprometido.

¿Qué debemos *suspender*?

Algunas actividades y modos de comunicación han sido efectivos por un tiempo, y probablemente lo serán otra vez, pero necesitan ser suspendidos por un tiempo. Quizás el mejor ejemplo de esto es cuando muchas iglesias suspendieron sus servicios presenciales durante la pandemia de COVID-19. Al ofrecer servicios en línea descubrieron otras maneras de conectar con la gente, pero por un tiempo, no se reunían bajo el mismo techo. Similarmente, muchas iglesias suspenden los grupos pequeños o comunitarios durante el verano ya que la gente viaja.

¿Qué debemos *acelerar*?

Cuando un equipo identifica los tres o cuatro programas que producen mayor ganancia, deberían dedicar más recursos para hacerlos aún más efectivos. Pueden realinear prioridades y responsabilidades, aumentar el nivel de comunicación sobre dichos esfuerzos, y hacer lo que sea necesario para añadir combustible a los motores.

Estas preguntas proveen un mapa para el viaje del equipo. Cuando yo hago preguntas, no espero respuestas rápidas, para rápidamente avanzar a algo más importante. El diálogo en sí es importante, y yo quiero involucrar a todos en el diálogo. Muchas veces, las personas que han guardado silencio tienen una perspicacia brillante, pero nadie nunca les ha preguntado o invitado a compartir.

---

CUANDO yo hago preguntas, no espero respuestas rápidas, para rápidamente avanzar a algo más importante.

---

## Inteligencia emocional

En su libro esclarecedor *"Emotional Intelligence"* [Inteligencia emocional], Daniel Goleman describe cuán importante es que las personas, especialmente los líderes, sepan manejar los sentimientos, para poder expresarlos apropiadamente. Él asegura que este rasgo es "el mejor predictor individual del éxito"[23] en cualquier carrera. A lo largo de este libro, estoy asumiendo que hay crecimiento en cada área de la vida del líder, incluyendo en su madurez emocional. Sabemos que el Evangelio habla a nuestros corazones lo que más necesitamos escuchar: tanto hemos pecado que Dios tuvo que mandar a Su Hijo para que pagara el precio, pero Él nos ama tanto que le plació morir por nosotros. Somos profundamente amados, completamente perdonados, y completamente aceptados en Cristo. De hecho, ¡el Padre nos ama tanto como ama a Su Hijo Jesús, y Jesús nos ama tanto como ama a Su Padre!

No existe una seguridad mayor a esa. Pero somos completamente humanos, y aunque se nos ha enseñado esta verdad por años, a veces no ha penetrado a lo más profundo de nuestras almas. Goleman hizo la siguiente observación:

*"Las aptitudes cognitivas como el pensamiento amplio y la visión a largo plazo eran particularmente importantes. Pero cuando calculé la relación entre las habilidades técnicas, IQ, y la inteligencia emocional como ingredientes para un desempeño excelente, la inteligencia emocional comprobó ser dos veces más importante que los otros para trabajos en cualquier nivel... Si tus habilidades emocionales no están bajo control, y careces conocimiento de ti mismo, si no tienes la capacidad de manejar tus emociones inquietantes, si no eres capaz de tener empatía y tener*

---
23 Daniel Goleman, *Emotional Intelligence* [Inteligencia emocional] (New York: Bantam Books, 2006).

*relaciones efectivas, entonces no importa cuán inteligente eres, no llegarás muy lejos."*[24]

Permíteme hacerte una pregunta: ¿Cuándo fue la última vez que te molestaste? ¿Fue en proporción al evento o lo que sucedió, o fue muy poco o demasiado? ¿Si vieras a alguien reaccionar como reaccionaste tú, ¿pensarías que estuvo bien, que fue lo correcto o apropiado?

Si estás liderando tu iglesia en o través del caos, puedes estar seguro de que la tensión aumentará, las frustraciones incrementarán, y la sospecha amenazará con descarrilar tu confianza. Aunque otras personas a tu alrededor se desmantelen, tú necesitas tener conciencia de ti mismo para reconocer cuando las emociones se están intensificando y tener la habilidad de controlarlas. Si no puedes hacer eso, puede que manipules a las personas, y puede que las intimides, pero no podrás realmente liderarlas porque no seguirán a alguien a quien no respetan.

Regresemos a la historia de Dave y su iglesia. En cada etapa, él estaba consciente de las posibilidades y los peligros: en la creación empresarial de su visión, en el surgimiento de programas y descripciones de trabajo, y en los cambios producidos en la cultura. Luego, observó la bifurcación en el camino, vio las posibilidades y los peligros de ser emprendedores, y los peligros y beneficios de no crear problemas cuando las cosas iban bien. Pero Dave no sólo podía ver las cosas; involucraba al consejo y al equipo en discusiones sustanciales y beneficiosas sobre todo lo que él podía anticipar. En cada paso, la gente estaba informada, se sentían escuchados y entendidos, y él les daba el tiempo necesario para ajustarse a los cambios de reportes y responsabilidades. Para ser un hombre joven, su madurez emocional era (y es) singular.

---

24 Daniel Goleman, *The Emotionally Intelligent Leader* [*El líder emocionalmente inteligente*] (Cambridge, MA: Harvard Business Review, 2020), audiobook.

Hemos abordado la importancia de la comunicación del líder con el consejo y el equipo de liderazgo, pero sólo hemos mencionado otra audiencia vital: las personas de influencia. Todas las iglesias las tienen. Quizás no tengan un título o un rol formal, pero son fuentes de conocimiento y percepción para la gente que las siguen. Se dan cita en el pasillo o vestíbulo antes y después de cada servicio, en la cafetería, o donde sea que otras personas puedan acercarse y basarse en sus observaciones. El pastor puede hacer un trabajo fantástico en comunicarse con el consejo y el equipo de liderazgo, pero puede llegar a ser tomado por sorpresa por una persona de influencia que no formó parte de la conversación. Tú sabes quiénes son. Son las personas a quién se refieren cuando dicen, "Bueno, ella me dijo que..." o "Eso no es lo que dijo fulano". Si esas personas de influencia no te apoyan, puedes esperar aguas embravecidas no importa cuál sea tu nueva visión.

---

**LOS PASTORES necesitan animar a que la gente apoye la visión más que al visionario.**

---

En adición, los pastores necesitan animar a que la gente apoye la visión más que al visionario. He escuchado a miembros del consejo y del equipo, y a personas de influencia, decir, "Bueno, no estoy convencido de la idea nueva del pastor, pero me cae bien así que voy a apoyarlo". Es bueno tener lealtad para con esa persona, pero ¡no basta! Si las personas son principalmente leales al pastor, son *para* él, pero si aceptan la visión, estarán juntos *con* él en cada esfuerzo. Hay una gran diferencia. Su *"por qué"* necesita ser mucho más grande que su relación con el pastor. Puede empezar así, pero no terminar allí.

La lealtad personal causa que los líderes inseguros se sientan mejor de ellos mismos, pero si tienen si quiera una onza de discernimiento, saben que eso es algo rápido y fugaz. Se ven obligados a seguir complaciendo a las personas para retener su lealtad. Pero si están juntos en el mismo objetivo de cumplir con la visión más grande, se evita la presión de complacer a la otra persona, de esconder las verdaderas emociones u opiniones, o tener que probar su valor una y otra vez. Un por qué en común, un propósito compartido, es tanto poderoso como sostenible.

Los pastores simplemente no pueden evitar el caos, pero sí pueden escoger qué tipo de caos experimentan. Si prosiguen con una visión audaz, generarán el tipo de incomodidad que he descrito en este libro. Sin embargo, si son tímidos y pasivos, generarán otro tipo de caos, el tipo de caos que frustra a la gente –la gente quiere ser inspirada y liderada, pero el pastor no hace nada o no puede hacerlo—. Habrá gruñidos, chismes y quejas y el pastor reaccionará defensivamente. ¡Ninguno de nosotros queremos tener que padecer ese tipo de caos!

Dave generó caos en su iglesia, pero fue un caos cuidadosamente orquestado. Su visión audaz de alcance a la comunidad y luego la residencia de plantanción de iglesias sacudió a su iglesia, y tuvo un impacto notable en la gente, la ciudad y muchas otras iglesias. El programa de residencia no es lo único que están haciendo: Su programa de capacitación laboral ha equipado a más de doscientas personas y las ha ayudado a encontrar buenos trabajos, con buena paga, en la ciudad. Además, la iglesia tiene una escuela cristiana que recibe estudiantes de las zonas más desfavorecidas de la ciudad, y también tienen una despensa de alimentos que provee comida para las personas sin recursos económicos para comprar o que no tienen algún medio de transporte para ir a un supermercado. Hasta la fecha, más de dos docenas de iglesias han sido plantadas en América y cuarenta en el extranjero, y los sembradores de iglesias siguen el ejemplo de Dave creando programas que marcan la diferencia en sus comunidades.

La influencia de Dave ha llegado mucho más lejos de las cuatro paredes de su iglesia. Otros pastores lo siguen en busca de ideas e inspiración... y en él hallan ambas.

> *"Por perseverancia el caracol llegó al arca."*
> *–Charles Spurgeon*

## CONSIDERA LAS SIGUIENTES PREGUNTAS:

1) ¿Quién es un buen ejemplo de un pastor empresarial o un buen líder de iglesia? ¿Qué impacto ha tenido esta persona en otros y especialmente en ti?
2) ¿Cómo describirías la transición de las etapas de empresarial al surgimiento, y del surgimiento al establecimiento? ¿Qué hace falta?
3) ¿Cuáles son las responsabilidades y los peligros que los líderes deben enfrentar en cada etapa?
4) ¿Cómo has observado estas etapas en la vida de una iglesia? Describe cómo se manejó cada transición.
5) ¿Cuáles son las señales que una iglesia está frente a la elección de descarrilarse o emprender algo nuevo?
6) ¿Ves alguna de esas señales en tu iglesia?
7) ¿Cómo te ayudaría, a ti y a tu equipo, contestar las cinco preguntas?

8) Pasa tiempo reflexionando sobre las cinco preguntas y discutiéndolas con el consejo o tu equipo.

9) ¿Por qué opinas que la inteligencia emocional es mucho más importante que las habilidades y la inteligencia en bruto? ¿Qué pasos podrías dar para elevar tu nivel de inteligencia emocional?

## CAPÍTULO 8
# AHORA Y MÁS TARDE

*"La indignación y la compasión forman una combinación poderosa. Son indispensables para la visión, y por lo tanto, para el liderazgo."*

–John Scott

Al compartir los conceptos de este libro con pastores y otros líderes de la iglesia, muchos de ellos intuitivamente se asombran de las implicaciones, y prácticamente todos plantean alguna versión de esta pregunta: "Sam, ¿y eso enserio ayuda? ¿Qué puedo hacer ahora para preparar a la gente para el caos?".

> ¿QUÉ puedo hacer ahora para preparar a la gente para el caos?".

Anteriormente te compartí en este libro el concepto del "medio turbio". Es uno de los conceptos más importantes que todo líder y equipo necesita entender. Cualquier sea la aventura o el emprendimiento, todo líder puede esperar dos brechas: una entre la presentación inicial de la visión y los primeros pasos de implementación, y la otra entre los primeros pasos y el cumplimiento del sueño. Estos dos periodos pueden durar semanas, o hasta meses... y ocasionalmente incluso pueden tomar años. Son tiempos en los que el líder y la visión están en el mayor riesgo porque la gente se siente confundida y frustrada que tanto trabajo haya producido tan pocos resultados.

Yo animo a los líderes a que entiendan que estos periodos –que yo llamo el "medio turbio"— siempre se dan, y que no deben tomarlos por sorpresa. Si ellos pueden anticiparlos, entonces, esas temporadas que parecieran ser áridas y una pérdida, pueden crear confianza en vez de deteriorarla y puede revitalizar a la gente en vez de causar que adopten una actitud pasiva. Son puntos planos o estanques que permiten que la gente se reagrupe, reevalúe el proceso, y reafirme la razón por la cual comenzaron en primer lugar. Durante estos tiempos, el conflicto muy a menudo aumenta paralelo al nivel de frustración, por lo tanto, es un buen momento para que los líderes afirmen a las personas en sus funciones, validen la gama de emociones, y ayuden a la gente a cortar de raíz el resentimiento.

Todo lo que vale la pena no llega fácilmente. Todo tiene un precio, pero los mejores líderes le sacan provecho al esfuerzo de llegar más alto formando lazos de respeto y cooperación más fuertes. En este sentido, los líderes necesitan usar lentes bifocales, con un ojo puesto en el objetivo final y otro en orientar las interacciones del equipo de cerca.

## HAZ ESTO, HAZ AQUELLO

Durante las últimas décadas, he tenido el privilegio de observar a algunos de los mejores líderes en el mundo confiar en Dios y movilizar a mucha gente a hacer algo mayor de lo que jamás imaginaron. Estos líderes permanecieron leones en medio de sus objetivos grandiosos y radicales, e inspiraron a la gente en cada paso del camino. Estos son los rasgos y las decisiones que observé en ellos:

1) **Conocerte a ti mismo.**

Sé estudiante de tus dones y fortalezas, y sé honesto sobre los huecos en tu liderazgo –y todos los tenemos—. El auto liderazgo es crucial. Los líderes que son autoconscientes ayudan a su gente a ser observadores sobre sus propios puntos fuertes y sus deficiencias también. Cuando sabemos qué hacemos bien, podemos maximizar esos talentos, y cuando sabemos en qué áreas tendemos a quedarnos cortos, podemos buscar maneras de compensar y emplear otros recursos. Unas de las quejas que más escucho de los miembros del equipo es que no creen que su pastor esté consciente de sus propias debilidades. Los líderes que no están conscientes y no son honestos en esa área muy a menudo tratan ser Superman o la Mujer Maravilla. Es un rol para el cual no fueron creados.

El pastor y autor Paul David Tripp nos brinda una palabra de ánimo: "Recuerda, no es tu debilidad lo que impedirá que Dios obre a través de ti, sino tus delirios de fuerza. ¡Su fuerza es perfeccionada en tu debilidad! Señala Su fuerza al estar dispuesto a admitir tu debilidad."

2) **Valorar a otros.**

Un líder que se siente cómodo con auto evaluarse no necesita esconderse tras una máscara de competencia; en cambio, esas personas crean un ambiente donde la afirmación mutua extrae lo mejor de toda persona. Los líderes transaccionales se enfocan en las tareas y usan a la gente para realizarlas (y la gente usualmente se siente *usada*). Los líderes relacionales entienden que la gente es su mayor activo, y cuando la gente prospera, los objetivos son alcanzados e incluso superados.

3) **Valorar las preguntas.**

Una de las marcas más obvias del liderazgo es la reacción a las preguntas. Los buenos líderes invitan a que la gente haga preguntas, especialmente las preguntas que desafían la perspectiva del líder. Estos líderes no reaccionan defensivamente. Ellos participan, piden aclaraciones, y valoran el proceso de descubrimiento. Los líderes pobres ven las preguntas como un ataque de su autoridad, y se sienten amenazados. Siempre tienen la razón, y necesitan aparentar que siempre tienen todas las respuestas.

4) **Cultivar paciencia.**

Por naturaleza, el líder se dirige hacia un destino y lleva a la gente consigo, pero la gente necesita que el líder sea paciente a medida que tratan de entender y asimilar el panorama general y entender su rol en ayudar a alcanzarlo. Me asombro de la paciencia que tenía Jesús con sus discípulos. Él les enseñó y modeló la vida en el Reino de Dios, pero los discípulos eran lentos para entender. Ocasionalmente, tenía que advertirles o reprobarlos, pero aparentemente dijo mucho menos de lo que hubiéramos dicho nosotros. ¡La paciencia requiere mucho más que tiempo! Es una actitud que dice, *quiero te tengas éxito, y haré lo que pueda y esperaré lo que sea necesario, para que tú puedas asimilar tu rol y triunfar en el.* Los líderes que no demuestran paciencia son inherentemente ansiosos y exigentes, creando una tensión insalubre en vez de despertar y extraer lo mejor en cada persona. Los líderes inseguros se sienten felices cuando las cosas van viento en popa, pero cuando las cosas no van bien o lo suficientemente rápido, llegan con un plan nuevo, el cual muy a menudo es comunicado con un tono de desprecio hacia aquellos que no están contribuyendo al nivel que el líder espera. La paciencia está asociada con la empatía, ponernos en el lugar de otros, sentir lo que sienten, y esperar lo que ellos esperan.

5) **Enseñar continuamente.**

Cada visión está compuesta por muchas capas de significado, y es importante que los líderes comuniquen el por qué tanto como el quién, qué, cuándo, dónde, cómo y cuánto costará. De hecho, muchos miembros del equipo rápidamente se orientan a los asuntos tácticos, por lo tanto, el líder necesita continuamente apuntar al panorama más grande. Jesús era un maestro en contar historias. Él enseñaba por medio de sus relatos que pintaban un cuadro mental de la vida del Reino. Nuestra gente necesita que le enseñemos mucho más que simples conceptos; necesitan historias que cautiven sus corazones.

6) **Dar validez al sentido de pérdida.**

El cambio se trata de perder algo –perder la familiaridad, la comodidad, y la estabilidad—. Cuando un líder demuestra que entiende que su gente tendrá que pagar un precio, crea confianza. Cuando exige que la gente ya supere la incomodidad del cambio, crea un obstáculo entre él o ella y la gente. Cuando se le da validez al sentido de pérdida, la gente puede apenarse y luego encontrar su nuevo ritmo. De lo contrario –cuando el líder no le da validez al sentido de pérdida— la gente comienza a intuitivamente suponer que el líder no los entiende y no se preocupa por ellos. El proceso de duelo no necesita tomar mucho tiempo, pero si necesita tiempo. Esto no descalifica a la persona; significa que la persona necesita una medida de empatía durante el periodo de ajustes.

> CUANDO se le da validez al sentido de pérdida, la gente puede apenarse y luego encontrar su nuevo ritmo… El proceso de duelo no necesita tomar mucho tiempo, pero si necesita tiempo.

7) **Crear un lenguaje lleno de esperanza.**

Yo animo a que los líderes se analicen a sí mismos; que observen lo que dicen al consejo y a sus equipos. ¿Qué está verdaderamente comunicando el mensaje? ¿Es un mensaje lleno de esperanza y entusiasmo, o es la desilusión y el resentimiento enmascarados? Una vez escuché de un pastor que siempre decía de manera retórica, "Una vuelta más por el desierto," una referencia obvia al pueblo de Israel pasando cuarenta años en el desierto. Era evidente para los miembros del consejo y la iglesia que el pastor los estaba condenando por algún acto de desobediencia no identificado y que los culpaba por la falta de crecimiento en la iglesia.

Necesitamos usar un lenguaje que ayude a la gente a entender que el proceso puede ser difícil, pero valdrá la pena. *"Estamos corriendo un maratón y estamos a punto de iniciar la subida al punto más alto. Correremos juntos. No dejaremos a nadie atrás"*; *"¡Podemos hacerlo! ¡Emanuel, Dios con nosotros!"*; *"No hay nada que probar, excepto agradar a Dios y que se sienta orgulloso de nosotros."*; *"Nuestras metas son nuestras metas. Nadie nos las está exigiendo. Vamos a confiar en Dios y ver qué sucede."*; *"Estamos haciendo el viaje juntos. Vamos a disfrutar el camino. Pero es nuestro trabajo cuidar que no tropecemos y caigamos en una zanja"*.

8) **Desarrolla una cultura de gratitud.**

¡Los líderes acarrean una carga pesada, pero tantos lo exhiben en su rostro! Los líderes que cultivan un ambiente positivo infunden confianza en el consejo y su equipo. Cuando el optimismo del líder es visible, pueden hallar rayos de luz hasta en los lugares más oscuros. Y cuando la gratitud del líder es perceptible, es más fácil ver el lado bueno de la situación. La gratitud es tanto una palabra como un tema: es tan fácil tomarse un momento para decir *"Gracias"* o *"Eres muy bueno en eso"*, y un líder maduro y seguro, siempre tiene razones para estar agradecido con Dios. Los Salmos son expresiones brutalmente honestas de un amplio rango de emociones. La mitad de ellos son, como un académico las llama, "invernales", pero los últimos cinco son pura alabanza y acción de gracias.

En su libro *"Answering God"* [Respondiéndole a Dios], el pastor y autor Eugene Peterson escanea los Salmos y observa que los últimos cinco forman el final definitivo del libro de los Salmos:

*"Toda oración, si se persiste suficiente tiempo en ella, se convierte en alabanza.*

*Cualquier oración, sin importar lo desesperante de su origen, ni lo intimidante o irritante de la situación, culmina en alabanza. No siempre se llega a ese punto rápida ni fácilmente -el proceso puede demorar un vida entera- pero el final es alabanza.*

*'Alabanzas', de hecho, es el único título adecuado para nuestro libro de oración, dado que es el destino lo que da forma al recorrido: 'El final es nuestro comienzo."*

Yo creo que hay una relación inversa entre la arrogancia y la gratitud: los líderes arrogantes no pueden ser agradecidos, y los líderes agradecidos, no pueden ser arrogantes.

9) **Mirar con frecuencia el espejo retrovisor.**

Necesitas comprender que eres producto de las personas que vertieron sus vidas sobre tu vida y tu ministerio. Nadie llega solo. Todos llegamos a nuestro rol de liderazgo gracias a alguien. Te apoyas sobre los hombros de otras personas, y tu mayor impacto en el Reino de Dios es permitir que otras personas se apoyen sobre los tuyos. Entonces, ¿qué pueden hacer los líderes para prepararse y preparar a sus equipos para una nueva etapa de crecimiento? Esta es mi respuesta: puedes hacer una rigurosa evaluación de los nueve rasgos y conductas. ¿Necesitarás hacer ajustes? Sin duda tendrás que hacer ajustes. ¿Tendrás el valor para hacerlo? Veremos.

## SIEMPRE UN LEÓN

Como mencioné al principio, me encanta ver programas de las preservas naturales en África, y siempre me fascina el comportamiento de los leones. No es por nada que se le llama al león el rey de las bestias. Los ojos de cada gacela, chimpancé, ñu, facóquero, búfalo, elefante y pájaro, están puestos sobre ellos. ¿Dónde están? ¿Qué hacen? ¿Qué estragos harán? Yo creo que esta es la naturaleza del verdadero liderazgo. Sí, yo sé que esta metáfora tiene sus limitaciones. ¡No estoy diciendo que te conviertas en un predador feroz! Pero sí te estoy empujando a ser audaz y firme, a que hagas olas, a que generes caos... en maneras que son favorables, productivas, significantes, amables y que honren a Dios.

> NO TE desvíes y te conviertas en un gato domesticado, y si piensas que ya eres uno, ¡adminístrate una infusión de ADN de león y ruge otra vez!

No te desvíes y te conviertas en un gato domesticado, y si piensas que ya eres uno, ¡adminístrate una infusión de ADN de león y ruge otra vez! Los héroes de la fe en Hebreos 11 no se levantaron un día y dijeron, *"Me parece que hoy voy a ser manso. Mi plan es mezclarme con la multitud y pasar por desapercibido y evitar hacer olas. Estaría satisfecho con eso y seguramente le placería a Dios también"*. Para nada. Ellos estaban determinados a marcar la diferencia, y estaban dispuestos a pagar cualquier precio para cumplirlo.

Caleb era uno de los doce espías enviados a explorar la Tierra Prometida y dar un informe a Moisés de la tierra y le gente que habitaba allí. Cuando regresaron, diez de ellos dijeron que el enemigo era demasiado fuerte para vencerlo y recomendaron alejarse del riesgo. Pero Caleb y Josué trajeron un reporte de minoría, lleno de esperanza y valor. Moisés tomó el consejo de los diez, y el pueblo de Dios estuvo dando vueltas en el desierto por cuarenta años —suficiente tiempo para que todas las personas que habían salido de la esclavitud perecieran en el viaje... todos menos Caleb y Josué—.

*"Tú bien sabes lo que el Señor le dijo a Moisés, el varón de Dios, en Cadés Barnea, en cuanto a nosotros. Cuando Moisés, el siervo del Señor, me envió a reconocer la tierra, yo tenía cuarenta años; y a mi regreso le di las noticias, según mi sentir. También sabes que los hermanos que me acompañaron desanimaron al pueblo, pero yo me mantuve fiel al Señor mi Dios. Ese día Moisés hizo este juramento: "La tierra donde has puesto el pie será tuya. Será la herencia perpetua de tus hijos, por cuanto seguiste con fidelidad al Señor mi Dios."*

Luego, Caleb demostró que, aunque era un hombre anciano, seguía siendo un león:

*El Señor me ha dado cuarenta y cinco años más de vida, tal y como él se lo dijo a Moisés cuando Israel andaba por el desierto. Así que ahora tengo ochenta y cinco años, pero aún me siento tan fuerte como el día en que Moisés me envió a reconocer la tierra. Tengo fuerzas para pelear, y para salir y entrar. Por lo tanto, te pido que me des este monte, del cual habló el Señor aquel día. Tú eres testigo. Aquí viven los anaquitas, y tienen grandes ciudades fortificadas; pero con la ayuda del Señor puedo vencerlos y echarlos de estas tierras."* (Josué 14:6-12 RVC).

"Te pido que me des este monte". No eran las llanuras fértiles; era la región de Judá con suave colinas y afloramientos rocosos. Caleb no estaba pidiendo la parte fácil y cómoda del país. Él estaba pidiendo lo que se le había prometido, pero Josué no tenía la habilidad de simplemente darle la tierra. El hombre anciano peleó por ella y se la ganó. La promesa fue completamente la oferta de Dios, pero la adquisición requirió el valor y las aptitudes de un león maduro.

¿Cuál es el monte para ti? ¿Qué promesa te ha dado Dios que en tu corazón permanece incompleta y pendiente? ¿Ha pasado demasiado tiempo desde la última vez que una promesa ardió en tu ser y no parabas de soñar con eso? ¿O es algo fresco en tu corazón ahora? Aunque estés viejo, no renuncies a las promesas de Dios. Sigue creyendo, sigue peleando, y sigue avanzando hacia lo mejor que Dios tiene para ti.

---

**NO RENUNCIES a las promesas de Dios. Sigue creyendo, sigue peleando, y sigue avanzando hacia lo mejor que Dios tiene para ti.**

---

Un león joven ruge fuerte, pero necesita ser más selectivo con su persecución. Su visión no se ha aclarado del todo aún, por lo tanto, se lanza en diferentes direcciones, una y otra vez. Pero, aún así, los que lo rodean se sienten inspirados por su empeño. Un león mayor ruge y sus habilidades han sido ajustadas con el tiempo. Se conoce a sí mismo, tiene una trayectoria de liderazgo relacional, su visión es clara, y su recorrido ha sido lo suficientemente largo para saber ser paciente con el proceso.

Nunca dejes de ser un león.

## CONSIDERA LAS SIGUIENTES PREGUNTAS:

1) ¿Cómo definirías y describirías el "medio turbio"? ¿Cuáles son algunos problemas que pueden ocurrir cuando un líder no ayuda a su equipo a navegar esas brechas?
2) En una escale del 0 (nada) al 10 (absolutamente), evalúa qué tan bien ejemplificas los rasgos del buen liderazgo en este capítulo:
    - Conocerte a ti mismo_____
    - Valorar a otros_____
    - Valorar las preguntas_____
    - Cultivar la paciencia_____
    - Enseñar continuamente_____
    - Dar validez al sentido de pérdida_____
    - Crear un lenguaje lleno de esperanza_____
    - Desarrollar una cultura de gratitud_____
    - Mirar seguido el espejo retrovisor_____
3) ¿En cuáles de estos rasgos te destacas? ¿Cómo puedes maximizar estos rasgos?
4) ¿Cuáles necesitan más atención? ¿Qué pasos puedes tomar en la próxima semana para al menos comenzar a mejorar en estas áreas?
5) ¿Te ves como un león? ¿Por qué o por qué no?
6) ¿Qué es lo más importante que has aprendido en este libro? Escoge de dos a tres cosas.

www.ingramcontent.com/pod-product-compliance
Lightning Source LLC
Chambersburg PA
CBHW070542090426
42735CB00013B/3048